Tadschikische Studiengrammatik

Tadschikische Studiengrammatik

von

Lutz Rzehak

REICHERT VERLAG WIESBADEN

Bibliografische Information der Deutschen Nationalbibliothek
Die Deutsche Nationalbibliothek verzeichnet diese Publikation
in der Deutschen Nationalbibliografie; detaillierte bibliografische Daten
sind im Internet über http://dnb.d-nb.de abrufbar.

978-3-89500-107-9
www.reichert-verlag.de

Printed in Germany

Inhalt

Anhang

Tabellenverzeichnis

Vorwort

Die vorliegende Grammatik des Tadschikischen wurde als grammatischer Leitfaden und begleitendes Lehrmaterial für Personen erarbeitet, die diese Sprache im Selbststudium oder im Sprachunterricht mit einer Lehrkraft erlernen möchten.

Es ist eine Studiengrammatik. Im Unterschied zu einer akademischen Grammatik erfolgt die Darstellung nicht in einer themenorientierten Systematik, die beim Lesen der ersten Abschnitte bereits Grundkenntnisse von Gegenständen verlangen würde, die erst in späteren Abschnitten behandelt werden. Die hier gewählte Anordnung des Materials folgt konsequent dem Prinzip: *Vom Einfachen zum Komplizierten.* Für die Aneignung des Materials werden nur solche Kenntnisse vorausgesetzt, die in vorangegangenen Abschnitten bereits vermittelt wurden. Dieses Prinzip wurde auch bei der Auswahl der Sprachbeispiele befolgt.

Diese Studiengrammatik ist deshalb für Personen geeignet, die über keinerlei Vorkenntnisse des Tadschikischen verfügen. Verweise auf studienbegleitende und weiterführende Literatur sowie Wörterbücher und Glossare befinden sich am Ende des Buches.

Zahlreiche Querverweise und ein grammatischer Index sollen diese Studiengrammatik auch für jene Personen nutzbar machen, die bereits über bestimmte Kenntnisse des Tadschikischen oder Persischen verfügen und eine themenorientierte Darstellung des Materials bevorzugen.

Diese Studiengrammatik orientiert sich an der modernen tadschikischen Schriftsprache. In den vergangenen zehn Jahren wurden die Normen dieser Sprache erneut einer teilweise sehr heftig geführten Diskussion unterworfen. Formen und Wendungen, die nicht von allen Tadschikisch-Sprechern als normgerecht angesehen werden, sind in der Grammatik entsprechend gekennzeichnet.

Für das Tadschikische gilt außerdem: Man schreibt *eine Sprache* und spricht *eine andere Sprache* oder sogar *andere Sprachen.* Eine einheitliche gesprochene Form der modernen tadschikischen Literatursprache, wie sie zum Beispiel in Rundfunk und Fernsehen zu hören ist, ließe sich zwar beschreiben, doch wird diese nur von wenigen Tadschikisch-Sprechern aktiv beherrscht oder zumindest kaum angewendet. Aus diesem Grund wurden gelegentlich Anmerkungen eingefügt, in denen einige Besonderheiten der gesprochenen Sprache oder der tadschikischen Umgangssprache(n) erklärt sind.

Diese Studiengrammatik wurde für einen Tadschikisch-Intensivkurs entwickelt, den ich 1996 und 1998 gemeinsam mit Herrn Chajrullo Sajfullojew (Duschanbe) an der Universität Bamberg durchgeführt habe. Ich möchte außerdem Herrn Scherali Rahimow (Bonn) für seine kritischen Hinweise und Verbesserungen sowie Frau Beate Kleinmichel (Berlin) für ihre Korrekturarbeiten danken.

Schrift- und Lautlehre

§ 1 Lautbestand und Schrift

(1) Seit 1940 wird für das Tadschikische ein modifiziertes kyrillisches Alphabet verwendet, das auch dieser Studiengrammatik zugrunde gelegt wird. Die folgende Tabelle gibt einen Überblick über die Laute des Tadschikischen und ihre Darstellung in der kyrillischen Schrift. Die Buchstaben sind in der Reihenfolge angeordnet, die auch in tadschikischen Wörterbüchern eingehalten wird.

Tab. 1 Das tadschikische Alphabet

Buchstabe		**Laut**	**Wortbeispiele**	**Anmerkungen**
А а	*А а*	[a]	▸ абр [abr] – *Wolke* ▸ бад [bad] – *schlecht* ▸ хона [xoná] – *Haus*	Aussprache etwas heller als das deutsche *a* in 'hat'
Б б	*Б б*	[b]	▸ бод [bod] – *Wind* ▸ бобо [bobó] – *Großvater* ▸ об [ob] – *Wasser*	Aussprache gleicht dem deutschen *b*
В в	*В в*	[v]	▸ вазир [vazír] – *Minister* ▸ аввал [avvál] – *erster* ▸ нав [nau̯] – *neu* ▸ дев [deu̯] – *Dämon*	Aussprache gleicht meistens dem deutschen *w* in 'Wasser', nach einem Vokal in einer geschlossenen Silbe jedoch eher zu einem nichtsilbischen *u* tendierend (vgl. S. 6, § 2(2))
Г г	*Г г*	[g]	▸ гург [gurg] – *Wolf* ▸ коргар [korgár] – *Arbeiter* ▸ саг [sag] – *Hund*	Aussprache gleicht einem weit vorn gesprochenen deutschen *g* wie in 'gehen'
Д д	*Д д*	[d]	▸ дам [dam] – *Atem* ▸ адад [adád] – *Zahl* ▸ сад [sad] – *hundert*	Aussprache gleicht dem deutschen *d*
Е е	*Е е*	[e] [je]	▸ ем [jem] – *Futtergetreide* ▸ бачае [bačáje] – *ein Kind* ▸ дер [der] – *spät*	Nach einem Konsonanten steht dieses Zeichen für ein beständiges *e*, das wie das deutsche *e* in 'Beet' ausgesprochen wird; am Wortanfang und nach Vokalen bezeichnet es die Lautkombination *je* (vgl. S. 95, § 73(2))

Ё ё	*Ё ё*	[jo]	▸ ёр [jor] – *Freund* ▸ бисёр [bisjór] – *sehr* ▸ дунё [dunjó] – *Welt*	bezeichnet die Lautkombination *jo*
Ж ж	*Ж ж*	[ž]	▸ жола [žolá] – *Hagel* ▸ каждум [každúm] – *Skorpion* ▸ жож [žož] – *Heidekraut*	Aussprache gleicht einem stimmhaften *sch* wie in franz. 'Garage'
З з	*З з*	[z]	▸ зуд [zud] – *schnell* ▸ бозор [bozór] – *Basar* ▸ ноз [noz] – *Zärtlichkeit*	Aussprache gleicht dem stimmhaften deutschen *s* in 'Rose'
И и	*И и*	[i]	▸ ид [id] – *Feiertag* ▸ кирм [kirm] – *Wurm*	Aussprache variiert zwischen dem deutschen *i* in 'Biss' und dem *i* in 'Stil'
Й й	*Й й*	[j]	▸ йод [jod] – *Jod* ▸ пой [poi̯] – *Fuß* ▸ пай [pai̯] – *Spur*	Aussprache gleicht dem deutschen *j* in 'Jacke', nach einem Vokal in geschlossenen Silben jedoch eher zu einem nichtsilbischen *i* tendierend (vgl. S. 6, § 2(2))
К к	*К к*	[k]	▸ кор [kor] – *Arbeit* ▸ мактаб [maktáb] – *Schule* ▸ нок [nok] – *Birne*	Aussprache gleicht einem weit vorn gesprochenen deutschen *k* wie in 'Kind'
Л л	*Л л*	[l]	▸ лаб [lab] – *Lippe* ▸ лола [lolá] – *Tulpe* ▸ гул [gul] – *Blume*	Aussprache gleicht dem deutschen *l*
М м	*М м*	[m]	▸ мор [mor] – *Schlange* ▸ амал [amál] – *Tat* ▸ ном [nom] – *Name*	Aussprache gleicht dem deutschen *m*
Н н	*Н н*	[n]	▸ нон [non] – *Brot* ▸ зина [ziná] – *Stufe* ▸ дандон [dandón] – *Zahn*	Aussprache gleicht dem deutschen *n*
О о	*О о*	[o]	▸ офтоб [oftób] – *Sonne* ▸ хор [xor] – *Stachel* ▸ доно [donó] – *klug*	beständiges *o*, dessen Aussprache zu einem dunklen schwedischen *å* tendiert
П п	*П п*	[p]	▸ падар [padár] – *Vater* ▸ сипар [sipár] – *Schild* ▸ гап [gap] – *Rede*	Aussprache gleicht dem deutschen *p*

Р р	*Р р*	[r]	▸ раг [rag] – *Ader* ▸ дарс [dars] – *Unterricht* ▸ сар [sar] – *Kopf*	Aussprache gleicht dem deutschen Zungen-*r*
С с	*С с*	[s]	▸ сир [sir] – *Knoblauch* ▸ суст [sust] – *schwach* ▸ тарс [tars] – *Angst*	Aussprache gleicht dem deutschen stimmlosen *s* in 'nass'
Т т	*Т т*	[t]	▸ тор [tor] – *Faden* ▸ духтар [duxtar] – *Mädchen* ▸ маст [mast] – *trunken*	Aussprache gleicht dem deutschen *t*
У у	*У у*	[u]	▸ узр [uzr] – *Verzeihung* ▸ нур [nur] – *Licht* ▸ орзу [orzú] – *Wunsch*	Aussprache gleicht dem deutschen *u* in 'gut'
Ф ф	*Ф ф*	[f]	▸ фан [fan] – *Wissenschaft* ▸ бофанда [bofandá] – *Weber* ▸ ноф [nof] – *Nabel*	Aussprache gleicht dem deutschen *f*
Х х	*Х х*	[x]	▸ хуб [xub] – *gut* ▸ ахбар [axbar] – *Nachricht* ▸ сурх [surx] – *rot*	Aussprache gleicht dem deutschen *ch* in 'Bach'
Ч ч	*Ч ч*	[č]	▸ чап [čap] – *links* ▸ бача [bačá] – *Kind* ▸ луч [luč] – *nackt*	Ausprache gleicht dem *tsch* in 'Tscheche'
Ш ш	*Ш ш*	[š]	▸ шер [šer] – *Löwe* ▸ шиша [šišá] – *Glas* ▸ муш [muš] – *Maus*	Aussprache gleicht dem deutschen *sch*
Ъ ъ	*Ъ ъ*	[^{c}]	▸ қалъа [qal^{c}á] – *Festung* ▸ шамъ [šam(^{c})] – *Kerze* ▸ маълум [ma^{c}lúm] – *bekannt*	bezeichnet einen Knacklaut wie in deutsch 'ab^{c}artig' (Zur Aussprache vgl. S. 6, 96, § 2(3), § 73(7); zu den Rechtschreiberegeln vgl. S. 96, § 73(7))
Э э	*Э э*	[e]	▸ Эрон [erón] – *Iran* ▸ эшон [ešón] – *Ischan* ▸ эҳтиёт [ehtijót] – *Vorsicht*	wird nur am Wortanfang verwendet und steht für den beständigen Vokal [e], der wie das deutsche *e* in 'Beet' ausgesprochen wird

Ю ю	*Ю ю*	[ju]	▸ юнонӣ [junoní] – *Grieche* ▸ юрт [jurt] – *Jurte* ▸ маъюб [maᶜjúb] – *behindert*	bezeichnet die Lautkombination *ju*
Я я	*Я я*	[ja]	▸ ях [jax] – *Eis* ▸ тарбия [tarbijá] – *Erziehung* ▸ такя [takja] – *Stütze*	bezeichnet die Lautkombination *ja*
Ғ ғ	*Ғ ғ*	[ġ]	▸ ғоз [ġoz] – *Gans* ▸ шағол [šaġól] – *Schakal* ▸ боғ [boġ] – *Garten*	Aussprache gleicht dem deutschen Gaumen-*r* in 'Gurke'
Ӣ ӣ	*Ӣ ӣ*	[i]	▸ бозӣ [bozí] – *Spiel* ▸ моҳӣ [mohí] – *Fisch* ▸ ҳавлӣ [hau̯li] – *Gehöft*	wird nur am Wortende verwendet, um ein akzentuiertes *i* zu kennzeichnen (vgl. S. 96, § 73(6))
Қ қ	*Қ қ*	[q]	▸ қалам [qalám] – *Stift* ▸ уқоб [uqób] – *Adler* ▸ соқ [soq] – *Unterschenkel*	tief in der Kehle gebildeter, uvularer Knacklaut ohne Entsprechung im Deutschen
Ӯ ӯ	*Ӯ ӯ*	[ů]	▸ ӯзбек [ůzbek] – *Usbeke* ▸ рӯз [růz] – *Tag* ▸ рӯ [rů] – *Gesicht*	Aussprache als beständiges *u*, bei vielen Sprechern zu einem Laut tendierend, der zwischen den deutschen Lauten *ü* und *ö* liegt, wenn man bei der Aussprache den mittleren Teil der Zunge an den Gaumen hebt
Ҳ ҳ	*Ҳ ҳ*	[h]	▸ ҳаққ [haq(q)] – *Recht* ▸ баҳор [bahór] – *Frühling* ▸ моҳ [moh] – *Monat*; *Mond*	Aussprache gleicht dem deutschen *h*
Ҷ ҷ	*Ҷ ҷ*	[ğ]	▸ ҷо [ğo] – *Ort* ▸ лаҷом [lağóm] – *Zügel* ▸ тоҷ [toğ] – *Krone*	Aussprache gleicht einem stimmhaften *dsch* wie in engl. 'James'

(2) Die Buchstaben in Tabelle 2 gehören nicht (mehr) zum tadschikischen Alphabet. Sie wurden zwischen 1940 und 1990, vorwiegend bei der Schreibung russischer Lehnwörter und Eigennamen verwendet. Das Trennungszeichen (аломати ҷудоӣ) musste damals auch in einigen tadschikischen Wörtern geschrieben werden.

(3) Im Tadschikischen werden alle Wörter bis auf Eigennamen klein geschrieben. Sätze beginnen mit einem Großbuchstaben.

Weitere Hinweise zur tadschikischen Schrift befinden sich im Anhang ab S. 93 ff., § 72, wo auch die wichtigsten orthographischen Regeln (S. 95 ff., § 73) erklärt werden.

Tab. 2 Zusätzliche Buchstaben

Buchstabe		Laut	Anmerkungen
Ц ц	*Ц ц*	[c]	Aussprache gleicht eigentlich dem deutschen *z* wie in 'Ziege'; wird im Tadschikischen heute meist durch с [s] oder (in intervokaler Position) durch тс [ts] ersetzt: ▸ сирк [sirk] – *Zirkus* ▸ консерт [konsert] – *Konzert* ▸ ассотсиятсия [assotsijatsija] – *Vereinigung*
Щ щ	*Щ щ*	[šč]	Aussprache gleicht einer Kombination von *sch* und *tsch* wie in 'Chruschtschow'
Ы ы	*Ы ы*	[y]	Aussprache eigentlich noch dunkler als das deutsche *ü* wie in 'Müller'; wird von Tadschikischsprechern meistens wie ein *i* artikuliert
Ь ь	*Ь ь*	[']	Trennungszeichen (аломати чудой); zur Verwendung bis ca. 1990 vgl. S. 96, § 73(5)

§ 2 Hinweise zur Aussprache

(1) In der tadschikischen Literatursprache gibt es sechs Vokalphoneme: и, е, а, у, о, ӯ. О, е und ӯ gelten als beständige Vokale[1)]. Sie behalten ihre Länge in einer offenen, nichtakzentuierten Silbe ebenso wie in einer akzentuierten Silbe. Die unbeständigen Vokale и, у und а können in dieser Position sowohl eine Verkürzung (das heißt: eine quantitative Veränderung) wie auch eine Reduktion (das heißt: eine Veränderung ihrer qualitativen Merkmale) erfahren.

- ▸ шоха [šoxá] – *Zweig*
- ▸ шӯхӣ [šůxí] – *Witz*

---

1) Die beständigen Vokale е und ӯ sind dem Persischen unbekannt und gelten daher als sogenannte маҷҳул- (*unbekannte*) Laute. Sie gehen auf die historischen Diphthonge [aj] und [au] zurück. Die Vokalphoneme des Persischen und Tadschikischen und ihre ungefähren Entsprechungen sind in der folgenden Tabelle wiedergegeben.

Tab. 3 Vokale im Tadschikischen und Persischen

	Beständige Vokale					Unbeständige Vokale		
Persisch	[ā]	[i]		[u]		[a]	[e]	[o]
Tadschikisch	о [o]	и [i]	е [e]	у [u]	ӯ [ů]	а [a]	и [i]	у [u]

Man beachte, dass eine unkorrekte Aussprache dieser маҷҳул-Laute im Tadschikischen zu Missverständnissen führen kann. ▸ Persisch: شیر [šir] – 1. *Milch*; 2. *Löwe* ABER: Tadschikisch: шир – *Milch*, шер – *Löwe*.

▸ девор [devór] – *Wand*

ABER:

▸ фишор [fⁱšór] – *Druck*

▸ сухан [sᵘxán] – *Rede*

▸ сафед [sᵃféd] – *weiß*

(2) Die Zeichenkombinationen ав und ай stehen für die Diphthonge [ai] und [au].[2)] Vor einem Vokal zerfallen diese Diphtonge in einen Vokal und einen Konsonanten.

▸ пешрав [pešrau] – *voranschreitend, führend* ABER: пешравӣ [pešraví] – *Vorwärtsbewegung*; *Fortschritt*

▸ пай [pai] – *Spur* ABER: пайи ҳам[3)] [pá-ji ham] – *allmählich, Schritt für Schritt*

(3) Das Verzögerungszeichen ъ (аломати сакта) bezeichnet im Tadschikischen einen Knacklaut, der auch im Deutschen vorhanden ist, wo er aber keine besondere Bezeichnung hat.[4)] Für seine Aussprache gelten folgende Regeln:

a) Am Wortende wird dieser Laut überhaupt nicht ausgesprochen.

▸ шамъ [šam] – *Kerze*

▸ монеъ [moné] – *Hindernis*

b) Steht ъ in der Wortmitte zwischen einem Konsonanten und einem Vokal, bewirkt es eine Silbentrennung wie in deutsch *ab'artig*.

▸ қитъа [qitᶜá] – *Stück*

▸ қалъа [qalᶜá] – *Festung*

c) Steht ъ zwischen einem Vokal und einem Konsonanten, bewirkt es eine Verlängerung des vorhergehenden Vokals.

▸ маълум [maᵃlúm] – *bekannt*

▸ неъмат [neᵉmát] – *Wohl*

(4) Die Buchstabenkombination нб wird in der Regel wie [mb] ausgesprochen.

▸ шанбе [šambé] – *Sonnabend*

▸ анбор [ambór] – *Speicher*

(5) Im Tadschikischen werden aufeinanderfolgende Konsonanten am Wortanfang vermieden. Bei der Aussprache von Lehnwörtern, die mit zwei Konsonanten beginnen, kann daher ein kurzer Vokal vorangestellt oder zwischen die beiden Konsonanten gesetzt werden, der jedoch nicht geschrieben wird. Nur bei Wörtern, die schon in vorsowjetischer Zeit übernommen worden waren, hat diese Ausspracheregel auch eine Entsprechung im Schriftbild erhalten.

---

2) Sie entprechen den persischen Diphthongen [ej] und [ou]. ▸ най [nai] – *Schilf* = Persisch: نی [nej]; ▸ нав [nau] – *neu* = Persisch: نو [nou].

3) Zur grammatischen Konstruktion dieses Ausdrucks vgl. S. 21, § 16(1)

4) In der arabischen Schrift wird dieser Laut entweder durch ein ع (*'Ayn*) oder durch ein ء (*Hamza*) wiedergegeben. In dieser Funktion steht das tadschikische Verzögerungszeichen (аломати сакта) jedoch nicht am Wortanfang sowie nicht zwischen Vokalen (vgl. S. 96, § 73(7)).

- истакон (> russ. стакан), heute auch: стакан – *Glas*
- стол (gesprochen auch: [ˈstol] oder [sˈtolʲ]) – *Tisch*
- планетарий (gesprochen auch: [pˈlanetári]) – *Planetarium*

(6) Im Tadschikischen wird gewöhnlich die letzte Silbe eines Wortes akzentuiert. Russische Lehnwörter werden wie im Russischen betont. Auf weitere Ausnahmen wird bei Bedarf hingewiesen. Ein Überblick über die Akzentregeln befindet sich im Anhang auf S. 98 in § 74.

Grammatik

§ 3 Das Genus der Nomina

(1) Im Tadschikischen gibt es kein grammatisches Geschlecht.

(2) Viele Wörter können daher sowohl ein biologisch männliches wie auch ein biologisch weibliches Geschlecht bezeichnen.[5)]

- коргар – *Arbeiter* und *Arbeiterin*
- деҳқон – *Bauer* und *Bäuerin*
- донишҷӯ – *Student* und *Studentin*
- олим – *Gelehrter* und *Gelehrte*

(3) Soll das biologische Geschlecht besonders hervorgehoben werden, können Wörter, deren Bedeutung keinen eindeutigen Hinweis auf das biologische Geschlecht enthält, mit Wörtern zusammengesetzt werden, die über eine solche Bedeutung verfügen.

- духтарбача – *Mädchen* (духтар – *Mädchen*; бача – *Kind*)
- писарбача *Junge* (писар – *Junge*; *Sohn*; бача – *Kind*)
- деҳқонзан (selten) – *Bäuerin* (деҳқон – *Bauer, Bäuerin*; зан – *Frau*)

(4) Einige arabische Lehnwörter werden zur Kennzeichnung des Geschlechts durch das akzentuierte Suffix -á[6)] markiert.

- муаллима – *Lehrerin* (муаллим – *Lehrer*)
- ҳокима – *Herrscherin* (ҳоким – *Herrscher*)

(5) Einige, auf akzentuiertes -á auslautende arabische Lehnwörter bezeichnen jedoch ein biologisch männliches Geschlecht.

- халифа – *Kalif*; *Handwerksgeselle*

§ 4 Die Demonstrativpronomina

(1) Im Tadschikischen gibt es zwei grundlegende Demonstrativpronomina:

Tab. 4 Demonstrativpronomina

ин	*dieser, diese, dieses; das*	weist auf einen nahe gelegenen Gegenstand hin
он[7)]	*jener, jene, jenes*	weisen auf einen entfernten Gegenstand hin

---

5) Aus Platzgründen wird bei den in dieser Studiengrammatik angeführten Beispielen für diese Wörter nur eine Übersetzungsmöglichkeit gegeben, wenn das biologische Geschlecht grammatisch unbedeutend ist.

6) Die Kennzeichnung des Akzents in der kyrillischen Schrift erfolgt hier und im folgenden nur aus didaktischen Gründen.

7) In der Umgangssprache kann auch вай als Demonstrativpronomen für einen entfernten Gegenstand verwendet werden: ▸ вай хона = он хона – *jenes Haus*.

⟨2⟩ Diese Demonstrativpronomina unterscheiden keinen Genus und stehen gewöhnlich vor dem zu beschreibenden Nomen.

- ин хона – *dieses Haus*
- он хона – *jenes Haus*

⟨3⟩ Von den Demonstrativpronomina ин und он können durch Verbindung mit der Konjunktion ҳам (*auch*) verstärkte Demonstrativpronomina gebildet werden.

- ҳамин – *eben dieser/diese/dieses, genau dieser/diese/dieses*
- ҳамон – *eben jener/jene/jenes, genau jener/jene/jenes*

§ 5 Die Personalpronomina

⟨1⟩ Die Personalpronomina haben folgende Formen:

Tab. 5 Personalpronomina

Person	Singular		Plural	
1.	ман	*ich*	мо	*wir*
2.	ту	*du*	шумо	*ihr*
3.	ӯ, вай	*er, sie, es*	онҳо	*sie*

⟨2⟩ Das Tadschikische unterscheidet keinen Genus. Daher können ӯ und вай für *er*, *sie* und *es* stehen.

⟨3⟩ In der Umgangssprache sind neben den hier genannten noch weitere Personalpronomina anzutreffen.[8)]

(Zu den Höflichkeitsformen vgl. S. 11, § 7)

§ 6 Die Präsensformen des Verbs *sein*

⟨1⟩ Das Verb *sein* steht wie alle anderen finiten Verben gewöhnlich am Satzende. Das Präsens dieses Verbs kann in verschiedenen Formen mit teilweise unterschiedlichen Funktionen erscheinen (vgl. S. 18, § 13⟨4⟩):

---

8) Die Personalpronomina der 1. und 2. Person Plural können durch Anhängen der Pluralsuffixe -он/-ён und -ҳо (vgl. S. 31, § 23) in einer sekundären Pluralform verwendet werden: ▸ моҳо oder моён – *wir*; ▸ шумоҳо oder шумоён – *ihr*. In der Bedeutung des Personalpronomens der 3. Person Singular können auch die Demonstrativpronomina ин (*dieser*) und он (*jener*) verwendet werden. Durch Anhängen des Pluralsuffixes -ҳо (vgl. S. 31, § 23) an das Personalpronomen der 3. Person Singular вай und durch Anhängen des Pluralsuffixes -он an das Demonstrativpronomen он (*jener*) können weitere Personalpronomina für die 3. Person Plural gebildet werden: ▸ вайҳо = онон – *sie* (3. Person Plural).

Tab. 6 Das Präsens von *sein*

Person	Vollform		Kopula	
	Singular	**Plural**	**Singular**	**Plural**
1.	ҳастам	ҳастем	-ам	-ем
2.	ҳастӣ	ҳастед	-ӣ	-ед
3.	ҳаст	ҳастанд	аст	-анд

(2) Die Vollformen werden häufig benutzt, um einen Tatbestand besonders zu unterstreichen.

- ман писар ҳастам – *ich **bin** ein Junge*
- ту коргар ҳастӣ – *du **bist** ein Arbeiter*
- мо камбағал ҳастем – *wir **sind** arm*
- шумо бой ҳастед – *ihr **seid** reich*
- онҳо хуб ҳастанд – *sie **sind** gut*

(3) Die Vollform der 3. Person Singular ҳаст weist in der Bedeutung *es gibt* ausdrücklich auf die Existenz von etwas hin.

- худо ҳаст – *Gott gibt es*
- об ҳаст – *es gibt Wasser*

(4) Die Kurzformen werden ausschließlich als Kopula, das heißt als verbaler Teil eines zusammengesetzten Prädikats benutzt.[9] Sie werden enklitisch gebraucht, also an das vorhergehende Wort angehängt und tragen keinen Akzent. Nur die Form der 3. Person Singular аст wird vom vorhergehenden Wort getrennt geschrieben.[10]

- ман духтарам – *ich bin ein Mädchen* (духтар – *Mädchen*)
- ту занӣ – *du bist eine Frau* (зан – *Frau*)
- вай мард аст – *er ist ein Mann* (мард – *Mann*)
- мо пирем – *wir sind alt* (пир – *alt*)
- шумо ҷавонед – *ihr seid jung* (ҷавон – *jung*)
- онҳо баданд – *sie sind schlecht* (бад – *schlecht*)

(5) Steht die Kurzform der 3. Person Singular аст nach einem mit den Vokalen о, у, ӯ, е oder ӣ endenden Wort, verschmilzt sie mit diesem und nimmt die entsprechenden Formen -ост, -уст, ӯст, -ест bzw. -ист an.

- ин ҳавлист – *das ist ein Gehöft* (ҳавлӣ –*Gehöft*)
- вай тавоност – *er ist mächtig* (тавоно – *mächtig*)

---

[9] In der Umgangssprache kann die Kopula auch wegfallen, besonders dann, wenn das Subjekt genau definiert ist: ▸ ман розӣ – *ich bin zufrieden.*

[10] Dies gilt wiederum nicht für zusammengesetzte Verbformen (vgl. S. 19. § 15).

§ 7 Höflichkeitsformen

(1) Bei der Anrede von allen älteren Personen, darunter der eigenen Eltern, älteren Geschwister und Verwandten, bei der Anrede von Gästen, Fremden und Vorgesetzten verwendet man das Personalpronomen der 2. Person Plural шумо. Das Personalpronomen der 2. Person Singular ту darf man auch gegenüber gleichaltrigen Personen nur verwenden, wenn man mit ihnen gemeinsam aufgewachsen ist.

- Шумо хуб ҳастед? – *Geht es Ihnen gut?*

(2) Spricht man über einen einzelnen Menschen in der dritten Person, können für dieselben Personen aus Höflichkeitsgründen die Personalendungen der 3. Personal Plural verwendet werden. Anstelle der Personalpronomina der 3. Person Singular kann die Konstruktion ин кас (wörtlich: *diese Person*) verwendet werden, wenn die genannte Person während des Gesprächs anwesend ist. Spricht man über eine abwesende Person, verwendet man zum selben Zweck den Ausdruck он кас oder вай кас (wörtlich: *jene Person*).

- Ин кас касал ҳастанд. – *Er ist krank.*
- Он кас духтур ҳастанд. – *Er ist Arzt.*

(3) Höflichkeitsformen für die erste Person sind heute nur noch selten in Gebrauch.[11)]

(4) Wird man gerufen, antwortet man mит лаббай [lábbaj][12)] – *Zu Diensten!* Diesen Ausdruck verwendet man auch zur klärenden Nachfrage bei Gesprächen für die deutsche Wendung *Wie bitte?* sowie zum Beginn eines Telefongesprächs für *Hallo!*

§ 8 Fragepronomina

(1) Das Fragepronomen кӣ (*wer*) kann nur in bezug auf Menschen angewendet werden, während sich das Fragepronomen чӣ (*was*) auf Gegenstände, Abstrakta und Tiere beziehen kann.

(2) Die Fragepronomina кӣ und чӣ werden mit der Kopula zusammengezogen und nehmen dabei die Formen кист und чист an.

- ман кистам – *wer bin ich?*
- ту кистӣ – *wer bist du?*
- вай кист – *wer ist er/sie/es?*
- мо кистем – *wer sind wir?*
- шумо кистед – *wer seid ihr?*

[11)] In historischen Texten aus vorsowjetischer Zeit und in einigen zeitgenössischen Texten gehobenen Stils können anstelle des Personalpronomens der 1. Person Singular ман die Ausdrücke банда (*[Euer] Sklave*), камина (*[meine] Wenigkeit*) oder фақири ҳақир (*[ich] verachteter Armer*) stehen (Zur grammatischen Konstruktion des letzten Ausdrucks vgl. S. 21, § 16(1)).

[12)] Man beachte, dass dieses Wort den Akzent auf der ersten Silbe trägt.

- онҳо кистанд – *wer sind sie?*
- ин чист – *was ist das?*

§ 9 Einige Konjunktionen und Partikel

(1) Die bestätigenden Partikel бале, ore und ҳа entsprechen in ihrer Bedeutung dem deutschen *ja*.

- Вай касал аст? Бале, вай касал аст. – *Ist er krank. Ja, er ist krank.*
- Ин масҷид аст? Ҳа, ин масҷид аст. – *Ist das eine Moschee? Ja, das ist eine Moschee.*
- Шайтон ҳаст? Оре, шайтон ҳаст. – *Gibt es einen Teufel? Ja, einen Teufel gibt es.*

(2) Die verbindenden Konjunktionen ва und у (nach Vokalen ю) (*und*) werden immer ohne Akzent ausgesprochen, wobei die Formen у und ю (auch orthographisch) an das vorhergehende Wort angehängt werden.

- мард ва зан (sprich: márd va zan), марду зан (sprich: márd-u zan) – *Mann und Frau*
- хона ва боғ (sprich: xoná va boġ), хонаю боғ (sprich: xoná-ju boġ) – *Haus und Garten*

Die Konjunktionen ва und у werden häufig bei Aufzählungen gleichwertiger Nomina benutzt, wenn im Deutschen ein Komma steht.

- Тоҷикистон ва Ӯзбекистону Туркманистон – *Tadschikistan, Usbekistan und Turkmenistan*

(3) Die trennende Konjunktion ё (*oder*) trägt ebenfalls keinen Akzent, wird aber getrennt geschrieben.

- имрӯз ё пагоҳ (sprich: imrū́z-jo pagoh) – *heute oder morgen*

In Kombination mit der verbindenden Konjunktion ва steht ё in der Bedeutung *oder aber*.

- китоб ва ё дафтар – *das Buch oder aber das Heft*

(4) Wird die Konjunktion ё doppelt gebraucht, hat sie die Bedeutung *entweder ... oder.*

- Вай ё тоҷик аст ё ӯзбек. – *Er ist entweder Tadschike oder Usbeke.*

(5) Die verbindende Konjunktion ҳам (*auch*) trägt keinen Akzent und wird in der Aussprache an das vorhergehende Wort angehängt.

- Вай ҳам хуб аст. (sprich: váj-ham xúbast) – *Er ist auch gut.*

(6) Wird die Konkunktion ҳам doppelt gebraucht, hat sie die Bedeutung von *sowohl ... als/wie auch.*

- Вай ҳам ҷавон аст ва ҳам тандуруст. – *Er ist sowohl jung wie auch gesund.*

(7) Die Konjunktionen аммо (*aber*) und лекин (*aber*, *doch*) stehen gewöhnlich am Anfang eines Nebensatzes.

- Вай тоҷик аст, аммо ман ӯзбекам. – *Er ist Tadschike, aber ich bin Usbeke.*
- Ин себ сурх аст, лекин он себ сабз аст. – *Dieser Apfel ist rot, doch jener Apfel ist grün.*

§ 10 Das Verb

⟨1⟩ Der Infinitiv tadschikischer Verben endet auf das Formans -ан.

▸ хӯрдан – *essen, trinken; aufnehmen*

▸ пухтан – *kochen, braten; reifen*

⟨2⟩ Der Infinitiv kann im Satz wie ein Substantiv gebraucht werden.

▸ Хӯрдан осон аст, лекин пухтан душвор аст. – *Essen ist leicht, aber Kochen ist schwierig.*

⟨3⟩ Alle tadschikischen Verben haben zwei Stämme: einen Präteritalstamm und einen Präsensstamm. Der Präteritalstamm bildet den Infinitiv (Präteritalstamm + -ан) und weist sonst auf eine vergangene Handlung hin. Der Präsensstamm wird benutzt, um eine gegenwärtige oder zukünftige Handlung zu bezeichnen.

▸ хӯрдан Präteritalstamm: хӯрд-
Präsensstamm: хӯр-

▸ пухтан Präteritalstamm: пухт-
Präsensstamm: паз-

⟨4⟩ Bei Verben mit einer regelmäßigen Stammbildung kann der Präsensstamm vom Präteritalstamm (= Infinitiv minus -ан) abgeleitet werden, indem dieser um das auslautende -(и)д oder -т verkürzt wird.

Tab. 7 Stammbildung der Verben (1)

Präsensstamm	Präteritalstamm (Infinitiv)	Bedeutung
со-	соид(ан)	*reiben*
хон-	хонд(ан)	*lesen, studieren*
рас-	расид(ан)	*erreichen, ankommen*
каш-	кашид(ан)	*ziehen*
овар-[13]	овард(ан)	*bringen*
шукуф-	шукуфт(ан)	*(auf)blühen*

⟨5⟩ Zur Gruppe der Verben mit unregelmäßiger Stammbildung gehören:

[13] Der Präsensstamm dieses Verbs kann auch in der reduzierten Form ор- erscheinen. In der gesprochenen Sprache kann der Präsensstamm dieses Verbs außerdem in der Form биёр- verwendet werden, die jedoch nicht als normgerecht gilt.

a) Verben, bei denen sich Präsens- und Präteritalstamm nur durch den letzten Laut unterscheiden, wobei die regelmäßig wiederkehrenden Alternationen з–хт, б–фт, о–уд beobachtet werden können;

Tab. 8 Stammbildung der Verben (2)

	Präsensstamm	**Präteritalstamm (Infinitiv)**	**Bedeutung**
з–хт	соз-	сохт(ан)	*schaffen, bauen*
	сӯз-	сӯхт(ан)	*brennen*
	рез-	рехт(ан)	*fließen, gießen*
б–фт	кӯб-	кӯфт(ан)	*zerschlagen, zermahlen*
	рӯб-	рӯфт(ан)	*kehren*
	фиреб-	фирефт(ан)	*betrügen*
о–уд	фармо-	фармуд(ан)	*befehlen, sagen*
	намо-	намуд(ан)	*erscheinen, sich zeigen*
	рабо-	рабуд(ан)	*rauben, entwenden*

b) Verben, bei denen Präsens- und Präteritalstamm von verschiedenen Wurzeln gebildet werden:

Tab. 9 Stammbildung der Verben (3)

Präsensstamm	**Präteritalstamm (Infinitiv)**	**Bedeutung**
бин-	дид(ан)	*sehen*
рав-	рафт(ан)	*gehen*
гӯ-	гуфт(ан)	*sagen, reden*
о-[14)]	омад(ан)	*kommen*
кун-	кард(ан)	*machen, tun*

14) In der gesprochenen Sprache kann der Präsensstamm dieses Verbs auch in der Form биё- erscheinen, die jedoch nicht als normgerecht gilt.

деҳ- / диҳ-[15]	дод(ан)	*geben*
шав-	шуд(ан)	*werden*
шунав-	шунид(ан)	*hören*
гир-	гириф(тан)	*nehmen, greifen*
банд-	баст(ан)	*binden, schließen*
дор-	дошт(ан)	*haben, halten*

Ein Überblick über die wichtigsten tadschikischen Verben mit unregelmäßiger Stammbildung befindet sich im Anhang auf S. 103 in § 76.

(6) Einige zweistämmige Verben bilden vom Präsensstamm einen sekundären Präteritalstamm, indem nach dem auf S. 13 in § 10(4) beschriebenen Muster das Suffix -ид bzw. -д an den Präsensstamm angefügt wird. Hiervon kann durch Hinzufügung des Formans -ан auch ein zweiter Infinitiv gebildet werden. Beide Formen haben in der Regel eine synonyme Bedeutung.

Tab. 10 Stammbildung der Verben (4)

Infinitiv	**Präsens-stamm**	**sekundärer Präterital-stamm**	**sekundärer Infinitiv**	**Bedeutung**
бохтан	боз-	бозид-	бозидан	*spielen; verspielen, riskieren*
ҷастан	ҷаҳ-	ҷаҳид-	ҷаҳидан	*springen*
гаштан	гард-	гардид-	гардидан	*sich drehen, sich wenden*

(7) Das Präteritum von *sein* wird von dem Verb будан [бош] gebildet. Der Präteritalstamm lautet буд (zur Präsensbildung vgl. S. 9, § 6(1) und S. 18, § 13(4)).

(8) Verbstämme können bei der Bildung von Nomina verwendet werden.

a) Manche Nomina (Substantive und Adjektive) können mit dem Präsensstamm eines Verbs verbunden werden, um ein neues Wort zu bilden.

- коркун – *Arbeiter, Angestellter* (кор – *Arbeit* + кардан [кун] – *machen*)

---

[15] Zur Schreibung des Präsensstammes vgl. S. 97, § 73(8).

- аълохон – *Beststudent*; *bester Schüler* (аъло – *hervorragend, ausgezeichnet* + хондан [хон] – *lesen, lernen*)

b) Einige Substantive bestehen aus dem Präteritalstamm und dem Präsensstamm eines Verbs, die durch -у- verbunden werden.

- гуфтугӯ – *Gespräch, Unterhaltung* (гуфтан [гӯ] – *reden, sagen*)
- кофтуков – *Suche* (кофтан [ков] – *graben, suchen*)

c) Einige Substantive bestehen aus den Präteritalstämmen unterschiedlicher Verben, die durch -у- verbunden werden.

- харидуфурӯш – *Handel, Verkauf* (харидан [харид] – *kaufen* + фурӯхтан [фурӯш] – *verkaufen*)
- задухӯрд – *Schlacht* (задан [зан] – *schlagen* + хӯрдан [хӯр] – *essen*; *aufnehmen*)

Zu anderen Wortbildungsformen mit Verbstämmen vgl. S. 84, § 64(5), S. 92, § 71(3)g) sowie S. 92, § 71(3)f) und § 71(3)h).

§ 11 Die Personalendungen der Verben

(1) Die Verben nehmen im Präsens und im Präteritum folgende Personalendungen an:

Tab. 11 Personalendungen der Verben

Person	Singular	Plural
1.	-ам (nach Vokalen: -ям)	-ем
2.	-ӣ	-ед[16]
3.	Präsens: -ад (nach Vokalen: - яд)	-анд (nach Vokalen: -янд)
	Präteritum: keine Endung	

(2) Die Form der dritten Person Singular ist im Präteritum mit dem Präteritalstamm identisch und wird nur im Präsens durch eine Endung (-ад bzw. nach Vokalen -яд) gekennzeichnet.

[16] In der Umgangssprache kann die Personalendung für die 2. Person Plural auch -етон lauten, wenn man mehrere Personen anspricht: ▸ омадетон? - *seid ihr gekommen?* Diese Endung geht auf das enklitische Pronomen der 2. Person Plural -атон zurück (vgl. S. 43, § 33(1)).

§ 12 Das einfache Präteritum

⟨1⟩ Das einfache Präteritum wird aus dem Präteritalstamm und der jeweiligen Personalendung gebildet.

- ман гуфтам – *ich sagte*
- ту шунидӣ – *du hörtest*
- вай дошт – *er hatte*
- мо хондем – *wir lasen*
- шумо дидед – *ihr saht* (bzw. höfliche Anrede: *Sie sahen*)
- онҳо кашиданд – *sie zogen* (bzw. Höflichkeitsform: *er zog*)

⟨2⟩ Das einfache Präteritum bezeichnet in der Regel eine einmalige, abgeschlossene Handlung.

- Дирӯз омаду гуфт: Хона сӯхт! – *Gestern kam er und sagte: Das Haus hat gebrannt!*
- Ҳаво хунук буд. – *Das Wetter war kalt.*

§ 13 Das Präsens

⟨1⟩ Das Präsens wird gebildet, indem man die entsprechende Personalendung anfügt und dem Präsensstamm das Präfix ме- voranstellt.

- ман меравам – *ich gehe*
- ту меравӣ – *du gehst*
- вай меравад – *er geht*
- мо меравем – *wir gehen*
- шумо меравед – *ihr geht* (bzw. als höfliche Anrede: *Sie gehen*)
- онҳо мераванд – *sie gehen*
- ман меоям[17] – *ich komme*
- ту меоӣ – *du kommst*
- вай меояд – *er, sie, es kommt*
- мо меоем – *wir kommen*
- шумо меоед – *ihr kommt* (bzw. als höfliche Anrede: *Sie kommen*)
- онҳо меоянд – *sie kommen*

⟨2⟩ Das Präfix ме- bildet den Indikativ. Es drückt aus, dass eine Handlung tatsächlich, ständig, gewöhnlich oder gerade jetzt vor sich geht. Die Präsensform kann jedoch (wie im Deutschen) auch benutzt werden, um ein Futur auszudrücken.

- ман ҳозир меравам – *ich gehe jetzt*
- вай пагоҳ меояд – *er kommt morgen*

---

[17] In der gesprochenen Sprache kann das Präsens von омадан – *kommen* auch in den folgenden Formen erscheinen, die jedoch nicht als normgerecht gelten: ▸ ман мебиёям, ▸ ту мебиёӣ usw. (vgl. S. 14, Anmerkung 14).

(3) Das Verb доштан mit dem Präsensstamm дор- nimmt das Präfix ме- nicht an, wenn es in der Bedeutung *haben, besitzen* verwendet wird, da es dann schon seinem Inhalt nach durativ ist.[18)]

- ман китоб дорам – *ich habe Bücher*

(4) Vom Verb будан (*sein*) können mit Hilfe des Stammes бош- (vgl. S. 49, § 37(3)) über die auf S. 9 in § 6(1) genannten Formen von *sein* hinaus weitere Präsensformen gebildet werden.

- ман ... мебошам – *ich bin ...*
- ту ... мебошӣ – *du bist ...*
- ӯ ... мебошад – *er ist ...*
- мо ... мебошем – *wir sind ...*
- шумо ... мебошед – *ihr seid ...*
- онҳо ... мебошанд – *sie sind ...*

a) Die von бош- gebildeten Präsensformen treten ausschließlich als verbaler Bestandteil eines zusammengesetzten Prädikats in Erscheinung und können in dieser Funktion die Kopula oder die Vollformen mit ҳаст(-) ersetzen.

- ту коргарӣ = ту коргар ҳастӣ = ту коргар мебошӣ – *du bist ein Arbeiter*

b) Die von бош- gebildeten Präsensformen können nicht verwendet werden, um eine einmalige Handlung zu bezeichnen. Sie beschreiben einen gewöhnlichen oder andauernden Zustand bzw. eine wiederkehrende Handlung.

- Ҳаво имрӯз гарм аст. – *Heute ist das Wetter warm.* ABER: Ин ҷо ҳаво гарм мебошад. – *An diesem Ort ist es (meistens, gewöhnlich) warm.*

§ 14 Zum Satzbau (1)

(1) Im Tadschikischen steht das finite Verb gewöhnlich am Satzende.

- Девор муш дорад, муш гӯш дорад. – *Die Wand hat eine Maus, die Maus hat Ohren.* (Sprichwort)

(2) In Fragesätzen muss das Fragewort (z.B. кӣ – *wer*; чӣ – *was*) nicht immer am Satzanfang stehen. Es geht im allgemeinen dem Prädikat voraus.

- Ту чӣ гуфтӣ? – *Was sagtest du?*
- Раҳим кист? – *Wer ist Rahim?*

(3) Unpersönliche Sätze, die im Deutschen mit Hilfe von *man* ausgedrückt werden, bildet man im Tadschikischen mit Hilfe der dritten Person Plural.

- Мегӯянд, ... – *Man sagt, ...*
- Ин ҷо чой мехӯранд. – *Hier trinkt man Tee.*

Zum Satzbau vgl. auch S. 59, § 46.

---

18) Zum Gebrauch von доштан in zusammengesetzten Verben vgl. S. 20, § 15(8).

§ 15 Zusammengesetzte Verben

(1) Im Tadschikischen gibt es zahlreiche zusammengesetzte Verben. Die meisten von ihnen setzen sich aus einem nominalen (Substantiv oder Adjektiv) und einem verbalen Bestandteil zusammen.

- кор кардан – *arbeiten* (кор – *Arbeit*; кардан – *machen*)
- касал шудан – *krank werden, erkranken* (касал – *krank*, шудан – *werden*)

(2) Beide Bestandteile bilden miteinander eine semantische Einheit und dürfen im Satz in der Regel nicht voneinander getrennt werden.

- Вай имрӯз касал шуд. – *Er wurde heute krank.*
- Падар пагоҳ кор мекунад. – *Der Vater wird morgen arbeiten.*

(3) Zusammengesetzte Verben mit dem verbalen Bestandteil кардан (*machen*) sind transitiv.

- сар кардан – *anfangen, beginnen* tr (сар – *Anfang, Kopf*)
- гӯш кардан – *(zu)hören* (гӯш – *Ohr*)
- тамом кардан – *beenden* (тамом – *Ende*)
- дуруст кардан – *berichtigen* (дуруст – *richtig*)

(4) Der verbale Bestandteil кардан kann in den meisten Fällen, ohne dass damit eine semantische Änderung verbunden wäre, durch намудан [намо] (*erscheinen, sich zeigen*) ersetzt werden. Formen mit намудан werden vor allem in der Schriftsprache verwendet.[19)]

- тамом кардан = тамом намудан

(5) Zusammengesetzte Verben mit dem verbalen Bestandteil шудан (*werden*) sind intransitiv.

- сар шудан – *anfangen, beginnen* (itr)
- тамом шудан – *zu Ende gehen*
- дуруст шудан – *sich richten, berichtigt werden*

(6) Der verbale Bestandteil шудан kann in den meisten Fällen, ohne dass damit eine semantische Änderung verbunden wäre, durch гаштан bzw. гардидан [гард] (vgl. S. 15, § 10(6), *sich drehen, sich wandeln*) ersetzt werden. Гардидан wird vor allem in der Schriftsprache benutzt.

- тамом шудан = тамом гардидан = тамом гаштан

(7) Seltener sind auch Konstruktionen mit anderen Verben anzutreffen. Hierzu gehören zum Beispiel:

a) задан [зан] – *schlagen*

- гап задан – *sprechen, sich unterhalten* (гап – *Rede*)
- даст задан – *klatschen, applaudieren* (даст – *Hand*)

b) дидан [бин] – *sehen*

- нағз дидан – *lieben* (нағз – *gut*)

---

19) Beim Verb кор кардан (*arbeiten*) kann der verbale Bestandteil nicht durch намудан ersetzt werden.

- ▸ бад дидан – *hassen* (бад – *schlecht*)

c) кашидан [каш] – *ziehen*

- ▸ дер кашидан – *sich hinziehen, andauern* (дер – *spät*)
- ▸ заҳмат кашидан – *Schwierigkeiten erleiden* (заҳмат – *Hindernis, Schwierigkeit*)

d) додан [деҳ] – *geben*

- ▸ савол додан – *fragen* (савол – *Frage*)
- ▸ ташкил додан – *organisieren, bilden* (ташкил – *Organisation, Bildung*)
- ▸ нишон додан – *zeigen* (нишон – *Zeichen*)

e) овардан [овар, ор] – *bringen*

- ▸ гирд овардан – *versammeln, zusammenbringen* (гирд – *Kreis*)

f) омадан [о] – *kommen*

- ▸ гирд омадан – *sich versammeln, zusammenkommen*

g) афтодан [афт] – *fallen*

- ▸ дур афтодан – *sich trennen* (дур – *weit*)

h) хӯрдан [хӯр] – *essen, aufnehmen*

- ▸ ғам хӯрдан – *traurig sein* (ғам – *Trauen*)
- ▸ қасам хӯрдан – *schwören* (қасам – *Schwur*)
- ▸ захм хӯрдан – *verletzt werden* (захм – *Wunde, Verletzung*)

i) доштан [дор] – *haben*

- ▸ дӯст доштан – *lieben* (дӯст – *Freund*)
- ▸ шарм доштан – *sich schämen* (шарм – *Scham*)
- ▸ нигоҳ доштан – *(er)halten; bewahren* (нигоҳ – *Blick*)

j) ёфтан [ёб] – *finden*

- ▸ шифо ёфтан – *genesen, gesund werden* (шифо – *Heilung*)
- ▸ инкшоф ёфтан – *sich entwickeln* (инкишоф – *Entwicklung*)

(8) Als verbaler Bestandteil zusammengesetzter Verben nimmt доштан – im Unterschied zu seiner selbständigen Verwendung in der Bedeutung *haben* (vgl. S. 18, § 13(3)) – im Präsens das Präfix ме- an.

- ▸ Онҳо гову гусфанд нигоҳ медоранд. – *Sie halten Schafe und Kühe.*

Die zusammengesetztenVerben фарқ доштан (*sich unterscheiden*) und ном доштан (*heißen*) bilden das Präsens ohne das Präfix ме-, da доштан in diesen Fällen weniger als Hilvsverb, sondern in seiner Grundbedeutung *haben* erscheint.

- ▸ Онҳо фарқ доранд. – *Sie unterscheiden sich.* (Wörtlich: *Sie haben einen Unterschied.*)
- ▸ Ин писар Аҳмад ном дорад. – *Dieser Junge heißt Ahmad.* (Wörtlich: *Dieser Junge hat den Namen Ahmad.*)

§ 16 Attributverbindungen mit изофа-Konstruktion

(1) Attribute stehen hinter dem zu bestimmenden Wort (Bezugswort) und werden mit diesem durch ein unbetontes -и verbunden. Das -и wird sowohl in der Aussprache wie auch orthographisch unmittelbar an das Bezugswort angefügt. Diese Verbindung heißt изофа (*Hinzufügung, Beifügung*).

- ма́рди ҷавон – *der junge Mann*
- кито́би хуб – *das gute Buch*
- забо́ни тоҷикӣ – *die tadschikische Sprache*
- Ро́ҳи сафед! – *Gute Reise!* (wörtlich: *Einen weißen Weg!*)

(2) Ist das Attribut ein Personalpronomen oder ein anderes, eine Person kennzeichnendes Wort, drückt die изофа–Verbindung ein Besitzverhältnis aus.

- падари ман – *mein Vater*
- модари ту – *deine Mutter*
- пули вай – *sein Geld*
- забони мо – *unsere Sprache*
- мамлакати шумо – *euer Land* (bzw. höfliche Anrede: *Ihr Land*)
- хонаи онҳо – *ihr Haus* (bzw. Höflichkeitsform: *sein Haus*)
- кори падар – *Vaters Arbeit*
- гӯши муш – *das Ohr der Maus*
- риши мулло – *des Mullahs Bart*

(3) Es können auch mehrere Attribute hintereinander stehen. Sie werden dann, wenn es sich um gleichwertige Attribute handelt, durch die Konjunktion ва bzw. у miteinander verbunden.

- хонаи бурзургу нав – *das große, neue Haus*
- мамлакати мо ва шумо – *unser und euer Land*

(4) Werden verschiedenartige Attribute verwendet, muss in ihrer Reihenfolge eine sich aus dem Inhalt ergebende innere Gliederung beachtet werden. Attribute, die Qualitätsmerkmale beschreiben, stehen dabei immer vor solchen, die ein Besitzverhältnis kennzeichnen, wenn sie sich auf dasselbe Bezugswort beziehen.

- лаби ширини духтар – *die süßen Lippen des Mädchens*, ABER: лаби духтари ширин – *die Lippen des süßen Mädchens*
- китоби бузурги шоир – *das große Buch des Dichters*, ABER: китоби шоири бузург – *das Buch des großen Dichters*
- хонаи падари ман – *das Haus meines Vaters*
- муаллими мактаби шумо – *der Lehrer eurer Schule*

(5) Die изофа verbindet auch zahlreiche Wörter miteinander, die im Deutschen einfach aneinandergereiht werden. Dies gilt zum Beispiel für bestimmte Personennamen, für die Namen von Ländern, Städten, Bergen, Büchern, Monaten usw.

- Ҳофизи Шерозӣ – *Hafis Schirasi*

- Ҷумҳурии Тоҷикистон – *Republik Tadschikistan*
- шаҳри Бухоро – *(die Stadt) Buchara*
- дарёи Панҷ – *der Pandsch(-Fluss)*
- кӯҳистони Помир – *das Pamir–Gebirge*
- моҳи май – *Monat Mai*
- китоби Шоҳнома – *das Schahname(–Buch)*
- ҷаноби Муродзода – *Herr Murodsoda* (ABER: хонум Ширинова – *Frau Schirinowa*, ohne изофа!)

⟨6⟩ Steht die изофа nach einem auf akzentuiertes -ӣ auslautenden Wort (vgl. S. 84, § 64⟨6⟩ und S. 96, § 73⟨6⟩), muss die Akzentuierung des auslautenden -ӣ orthographisch nicht mehr gekennzeichnet werden.[20)]

- мардӣ – *Tapferkeit*; ABER: мардии он кас – *die Tapferkeit dieser Person*

Zu weiteren orthographischen Regeln im Zusammenhang mit der изофа vgl. S. 96, § 73⟨7⟩b⟩ und S. 97, § 73⟨9⟩.

⟨7⟩ In der Umgangssprache existieren weitere Möglichkeiten zum Ausdruck von Attributverbindungen (vgl. S. 46, Anmerkung 50).

§ 17 Das direkte Objekt

⟨1⟩ Die tadschikische Sprache kennt keine Kasusendungen. Das direkte Objekt kann jedoch durch die Postposition -ро gekennzeichnet werden, die (sowohl in der Aussprache wie auch orthographisch) unmittelbar an das direkte Objekt angefügt wird und keinen Akzent trägt.[21)]

- Ман китóбро гирифтам. – *Ich nahm das Buch.*
- Мо шумóро мебинем. – *Wir sehen euch.*
- Коргар хонáро сохт. – *Der Arbeiter baute das Haus.*

⟨2⟩ Die Postposition -ро steht immer am Ende einer attributiven Wendung.

- Онҳо боми хонаи шуморо таъмир карданд. – *Sie haben das Dach eures Hauses repariert.*
- Саги ҳушёри туро дӯст медорам. – *Ich liebe deinen wachsamen Hund.*
- Муаллим падари Аҳмадро диданд. – *Der Lehrer hat den Vater von Ahmad gesehen.*

---

20) In gleicher Weise konnte bisher auslautendes -й wegfallen, wenn das Wort eine изофа erhielt: ▸ чой – *Tee*; ABER: чои сабз – *grüner Tee*. Seit 1998 ist diese Regel offiziell nicht mehr gültig: ▸ чой – *Tee* UND: чойи сабз – *grüner Tee*.

21) In der gesprochenen Sprache wird die Postposition -ро auf -а bzw. nach Vokalen auf -я reduziert: ▸ Пула овардед? – *Habt ihr das Geld gebracht.* ▸ Хоная мерӯбад. – *Er fegt das Haus.* In den südlichen und zentralen Dialekten Tadschikistans ist vor allem bei Wörtern, die auf einen Vokal enden, auch eine Reduzierung von -ро auf -ра möglich: ▸ Хонара сохтанд. – *Sie haben das Haus gebaut.*

Die Postposition -ро kennzeichnet nicht jedes direkte Objekt. Sie weist auf die Bestimmtheit eines Objekts hin und muss deshalb immer verwendet werden, wenn es sich um eine konkrete, bereits erwähnte oder irgendwie anders näher bestimmte Sache handelt.

- Себи моро мехӯрӣ? – *Isst du unseren Apfel?*
- Ман ин паррандаи сурхро мебинам. – *Ich sehe diesen roten Vogel.*
- Вай ин одамро мешиносад. – *Er kennt diese Person.*

(3) Mitunter erfüllt die Postposition -ро jene Funktion, die im Deutschen durch die bestimmten Artikel *der*, *die*, *das* wahrgenommen wird.

- Обро овард. – *Er brachte das Wasser.* ABER: Об овард. – *Er brachte Wasser.*
- Вай китобро мехонад. – *Er liest das (dieses) Buch.* ABER: Вай китоб мехонад. – *Er liest (ein Buch).*

(4) Eigennamen und Personalpronomina können als direktes Objekt niemals ohne die Postposition -ро verwendet werden. Gleiches gilt für Substantive, die durch Eigennamen, Personalpronomina oder durch die Demonstrativpronomina ин, он, ҳамин, ҳамон, чунин, чунон näher bestimmt werden.

- Ҳасанро дидед? – *Habt ihr Hasan gesehen?*
- Вайро бад мебинам. – *Ich hasse ihn.*
- Китоби Айниро хондам. – *Ich habe das Buch von Ajni gelesen.*
- Аҳмад чунин саволро дод. – *Ahmad hat eine solche Frage gestellt.*
- Шумо ҳамин хатро навиштед? – *Habt ihr diesen Brief geschrieben?*

(5) Die Postposition -ро kann auch an die Fragepronomina кӣ (*wer*) und чӣ (*was*) (vgl. S. 11, § 8) angefügt werden.

- Киро дидӣ? – *Wen hast du gesehen?*
- Чиро дод? – *Was hat er gegeben?*

(6) Ist ein Substantiv nominaler Bestandteil eines zusammengesetzten Verbs (vgl. S. 19, § 15), nimmt es niemals die Postposition -ро an, da das eine Bedeutungsänderung mit sich bringen würde.

- об додан – *bewässern* ABER: обро додан – *das Wasser geben*
- Мо кор мекунем. – *Wir arbeiten.* ABER: Мо ин корро мекунем. – *Wir machen diese Arbeit.*
- Аҳмад савол дод. – *Ahmad fragte.* ABER: Аҳмад ҳамин саволро дод. – *Ahmad hat genau diese Frage gestellt.*

(7) In Verbindung mit dem Personalpronomen der 1. Person Singular ман verschmilzt -ро zu маро.

- Маро нағз мебинӣ? – *Magst du mich?*

(8) Bei Aufzählungen wird die Postposition -ро nur einmal benutzt und steht dann am Ende der jeweiligen Wortgruppe.

- Хасан ва Аҳмаду Раъноро мешиносам. – *Ich kenne Hasan, Ahmad und Raano.*

(9) Steht -ро nach einem auf akzentuiertes -ӣ auslautenden Wort, muss die Akzentuierung des -и orthographisch nicht mehr gekennzeichnet werden (vgl. S. 96, § 73(6)).

- шӯхӣ – *der Witz*; ABER: шӯхиро – *den Witz*

(10) Die Postposition -ро kann gelegentlich auch zur Kennzeichnung eines indirekten Objekts verwendet werden. In der (gehobenen) Schriftsprache dient sie dann zum Ausdruck eines Besitzverhältnisses:[22)]

- Ӯро як писар буд. – *Er hatte einen Sohn.* (wörtlich: **Ihm war ein Sohn.*)

§ 18 Die Negation

(1) Die verneinende Konjunktion lautet не oder на – *nein.*

- Ин кас бемор ҳастанд? – На. – *Ist er krank? – Nein.*
- Имрӯз меоӣ? – Не, пагоҳ. – *Kommst du heute? – Nein, morgen.*

(2) Die Negationsform von Verben wird mit Hilfe des akzentuierten Formans на́- gebildet, das dem Verb vorangestellt und mit diesem zusammengeschrieben wird.

- на́меравам – *(ich) gehe nicht*
- на́рафтем – *(wir) gingen nicht*

(3) Für die Negation des Verbs *sein* im Präsens gibt es die speziellen Formen:

Tab. 12 Negation von *sein*

Person	Singular	Plural
1.	нестам	нестем
2.	нестӣ	нестед
3.	нест, не[23)]	нестанд

- Ман писар нестам, духтар ҳастам. – *Ich bin kein Junge, sondern ein Mädchen.*
- Ту пир нестӣ, ҷавон ҳастӣ. – *Du bist nicht alt, sondern jung.*
- Вай бемор нест, тандуруст аст.[24)] – *Er ist nicht krank, sondern gesund.*
- Мо ӯзбек нестем, тоҷик ҳастем. – *Wir sind keine Usbeken, sondern Tadschiken.*
- Шумо аскар нестед, мулкӣ ҳастед. – *Ihr seid keine Soldaten, ihr seid Zivilisten.*
- Онҳо бой нестанд, камбағал ҳастанд. – *Sie sind nicht reich, sie sind arm.*

---

22) In der Umgangssprache sind auch andere Formen möglich, bei denen in indirektes Objekt mit -ро markiert wird: ▸ Маро ҳам чой диҳед! – *Gebt mir auch Tee!* ▸ Али маро гуфт ... – *Ali sagte mir ...* ▸ Вайро бача пайдо шуд. – *Ihr ward ein Kind geboren.*

23) Die Form не entspricht der Regel, wonach die Kopula gegebenenfalls wegfallen kann (vgl. S. 10, Anmerkung 9) und wird vorwiegend in der gesprochenen Sprache verwendet.

24) ODER: Вай бемор не, тандуруст аст.

Zur Negation anderer Verbformen vgl. S. 34, § 24(5), S. 49, § 37(5), S. 53, § 40(2) und S. 65, § 50(2).

(4) Bei Adjektiven und Nomina wird die Negation durch das Präfix но- ausgedrückt.

- маълум – *bekannt* → номаълум – *unbekannt*
- пурра – *vollständig* → нопурра – *unvollständig*
- ором – *ruhig* → нооpом – *unruhig*
- мард – *Mann* → номард – *Unmensch, Schurke*

§ 19 Die Präpositionen

(1) Im Tadschikischen gibt es folgende „echte" Präpositionen.

- ба, дар, бар, аз, то, бо, бе, барои, ҷуз

(2) „Echte" (oder: primäre) Präpositionen[25] sind solche, die keine eigenständige, dingliche Bedeutung haben, sondern ausschließlich zu Hilfszwecken benutzt werden, um in einem Satz die Verbindung zwischen Nomina und anderen Satzgliedern herzustellen. Die Präpositionen tragen in der Regel keinen Akzent[26] und werden dem unveränderten Nomen vorangestellt.

- ба хона – *nach Hause*
- дар мактаб – *in der Schule*
- бар замин – *auf die Erde*
- аз боғ – *aus dem Garten*
- то девор – *bis zur Wand*
- бо бародар – *mit dem Bruder*
- бе пул – *ohne Geld*
- барои ту – *dich*
- ҷуз ман – *außer mir*
- ҳамчун инсон – *als Mensch*

(3) Die Präposition ба weist auf die Richtung einer Handlung hin und entspricht damit den deutschen Präpositionen *zu*, *nach*, *in*, *an*. Sie kann auch zur Wiedergabe des deutschen Dativs verwendet werden.[27]

- Вай ба хона меравад. – *Er geht nach Hause.*
- Онҳо ба Душанбе омаданд. – *Sie kamen nach Duschanbe.*
- Шер ба ҷангал рафт. – *Der Löwe ging in den Wald.*
- Ба рафиқам ҳам чой додам. – *Ich gab auch meinem Freund Tee.*
- Ба ту салом гуфтам. – *Ich sagte dir „Guten Tag!".*

---

[25] Zu „unechten" Präpositionen vgl. S. 56, § 45.

[26] Die Präposition барои entwickelt einen sekundären Akzent auf der zweiten (!) Silbe: ▸ баро̀и ту́ – *für dich.*

[27] In der Umgangssprache kann ба auch als Postposition nach dem jeweiligen Nomen stehen, wobei es keinen Akzent trägt: ▸ хона́ба – *in das Haus*; ▸ ма́нба – *zu mir.*

Die Präposition ба wird mit Verben wie гап задан (*sprechen*), хондан (*lesen*), навиштан (*schreiben*) zur Angabe der Sprache benutzt.

- ▸ Мо ба забони тоҷикӣ гап мезанему ба забони ӯзбекӣ менависем. – *Wir sprechen Tadschikisch und schreiben Usbekisch.*

Die Präposition ба wird mit einigen Verben benutzt, die in der deutschen Sprache ein direktes Objekt oder eine andere Präposition verlangen. Hierzu gehören vor allem Verben, die den Anfang einer Handlung bezeichnen, sowie Verben, die ein Zusammentreffen oder eine Berührung beschreiben.

- ▸ Муаллим ба дарс сар кард. – *Der Lehrer begann den Unterricht.*
- ▸ Онҳо ба муқобилати сахт вохӯрданд. – *Sie stießen auf heftigen Widerstand.*

(4) Die Präposition дар weist mit der Bedeutung *in, innerhalb (von etwas)* auf den Ort eines Gegenstandes oder einer Handlung bzw. auf deren Richtung *in, innerhalb* von etwas hin.[28] Die Präposition дар wird auch bei Zeitangaben benutzt (vgl. S. 42, § 32).

- ▸ Китоб дар ҷевон буд. – *Das Buch war im Schrank.*
- ▸ Бача дар мактаб мехонад. – *Der Junge lernt in der Schule.*
- ▸ Коргар дар корхона кор мекунад. – *Der Arbeiter arbeitet im Betrieb.*
- ▸ Дар шаҳр будам. – *Ich war in der Stadt.*

(5) Die Präposition бар drückt in der Bedeutung *auf* die Befindlichkeit eines Gegenstandes auf (der Oberfläche von) etwas bzw. die Orientierung einer Handlung auf etwas aus.

- ▸ Бар тани ман ҷомаи бухорӣ буд. – *Ich trug einen bucharischen Mantel.* (wörtlich: *auf meinem Körper war ein bucharischer Mantel*).
- ▸ Вай бар замин зад. – *Er schlug auf den Boden.*

(6) Die Präposition аз bezeichnet mit der deutschen Entsprechung *von, aus* in räumlicher, zeitlicher oder übertragener Hinsicht den Ausgangspunkt einer Handlung.

- ▸ Аз хона баромадам. – *Ich kam aus dem Haus heraus.*
- ▸ Дарс аз имрӯз сар мешавад. – *Der Unterricht beginnt heute.*
- ▸ Ин пулро аз ту гирифтам. – *Dieses Geld habe ich von dir erhalten.*
- ▸ Меваро аз бозор хариданд. – *Sie kauften das Obst auf dem Basar.*
- ▸ Ин аз рӯзнома маълум шуд. – *Dies wurde aus der Zeitung bekannt.*

Аз bezeichnet auch die Herkunft bzw. ein Material.

- ▸ Вай аз Самарқанд аст. – *Er ist aus Samarkand.*
- ▸ Ин хонаро аз хишт месозанд. – *Dieses Haus baut man aus Ziegeln.*

---

[28] In der Umgangssprache kann die Präposition дар auch benutzt werden, um ein Possessivverhältnis auszudrücken. ▸ Дар ман пул нест. – *Ich habe kein Geld.* ▸ Дар мо ҳосилот нағз мешавад. – *Unsere Ernte wird gut.* Ebenfalls in der Umgangssprache und dabei besonders in den Mundarten von Fergana kann anstatt der Präposition дар die Postposition анда verwendet werden. Sie geht auf die alte tadschikische Form андар (*in*) zurück. Endet das vorhergehende Wort auf einen Vokal, wird анда zu нда verkürzt. Diese Postposition trägt keinen Akzent. ▸ бозоранда – *auf dem Basar*; ▸ хонанда – *im Haus.*

Die Präposition аз wird auch benutzt, um die Herkunft oder Ursache bestimmter Gefühle auszudrücken.

- Писар аз саг метарсад. – *Der Junge fürchtet sich vor dem Hund.*
- Аз ин хабар хурсанд шудам. – *Ich freute mich über diese Nachricht.*

Auch das Verb гузаштан (*überqueren, passieren*) verlangt die Präposition аз.

- Аз дарё гузаштанд. – *Sie überquerten den Fluss.*
- Ман аз кӯча мегузараму ба ту салом мегӯям. – *Ich gehe über die Straße und grüße dich.*

(7) Die Präposition то kennzeichnet die räumliche oder zeitliche Begrenzung einer Handlung und entspricht damit dem deutschen *bis, bis zu.*

- То ин ҷо рафтам. – *Ich ging bis hierher.*
- Вай то дирӯз касал буд. – *Bis gestern war er krank.*
- То пагоҳ! – *Bis morgen!* (Abschiedsformel)

In der Form аз ... то verweist die Präposition то in der Bedeutung *von ... bis* auf einen Zeit- oder Raumabschnitt hin. Gelegentlich wird die Präposition то durch die unmittelbar angefügte Präposition ба in ihrer Aussage verstärkt.

- Ин кӯтал аз тирамоҳ то баҳор баста аст. – *Dieser Gebirgspass ist vom Herbst bis zum Frühjahr geschlossen.*
- Вай аз бозор то ба хона рафт. – *Er ging vom Basar bis (hin) zum Haus.*

(8) Die Präposition бо weist in der Bedeutung *mit* auf die Gemeinsamkeit von etwas oder auf eine Instrumentalität hin.

- Вай бо мулло ба масҷид рафт. – *Er ging mit dem Mulla in die Moschee.*
- Мо бо қалам менависем. – *Wir schreiben mit dem Federhalter.*

Die Präposition бо kann auch mit dem Ininitiv von Verben verwendet werden und drückt dann die Gleichzeitigkeit zweier Handlungen aus.[29)]

- Бо гирифтани ин хат шод шудам. – *Als ich diesen Brief erhielt, wurde ich fröhlich.* (Wörtlich: *Mit dem Erhalten dieses Briefes wurde ich fröhlich.*)
- Бо хӯрдани ин об касал шуд. – *Als er dieses Wasser trank, wurde er krank.* (Wörtlich: *Mit dem Trinken dieses Wassers wurde er krank.*)

(9) Die Präposition бе weist auf das Fehlen von etwas hin und entspricht dem deutschen *ohne*.

- Ин духтар бе падару модар монд. – *Dieses Mädchen blieb ohne Eltern.*
- Бе салом рафт. – *Ohne Gruß ging er.*

(10) Die Präposition барои drückt das Ziel bzw. die Bestimmung eines Gegenstandes oder einer Handlung aus und entspricht dabei dem deutschen *für*, *wegen*, *um zu*. In Verbindung mit dem Infinitiv eines Verbs können so ganze Finalsätze (vgl. S. 55, § 43) ersetzt werden.

[29)] Mit diesen Konstruktionen können ganze Temporalsätze (vgl. S. 47, § 35(5)) ersetzt werden.

▸ Ин рӯзномаро барои падарам харидам. – *Diese Zeitung habe ich für meinen Vater gekauft.*

▸ Барои хӯрок хӯрдан ба чойхона рафтем. – *Wir gingen, um zu essen, in das Teehaus.*

(11) Die seltenere Präposition ҷуз entspricht dem deutschen *außer, bis auf.*[30)]

▸ Ҷуз он кас, ҳама омаданд. – *Bis auf diese Person waren alle gekommen.*

(12) Auch die zusammengesetzte Konjunktion ҳамчун – *wie (auch)* kann wie eine „echte" Präposition verwendet werden, das heißt sie trägt keinen Akzent[31)] und wird dem unveränderten Nomen vorangestellt. Als Präposition entspricht ҳамчун dem deutschen *als* in Konstruktionen vom Typ *arbeiten als, wirken als.*

▸ Модарам ҳамчун муаллима кор мекунад. – *Meine Mutter arbeitet als Lehrerin.*

(13) Manche Präpositionen sind fester Bestandteil zusammengesetzter Verben (vgl. S. 19, § 15). Die Präposition gehört dann zum nominalen Bestandteil des Verbs und darf in der Regel nicht vom verbalen Bestandteil getrennt werden.

▸ ба сар бурдан – *(Zeit) verbringen* (ба – Präp. *zu*, сар – *Kopf*, бурдан – *tragen*) → Мо бо фароғат умр ба сар бурдем. – *Wir haben ein ruhiges Leben verbracht.* (wörtlich: *mit Ruhe*)

▸ ба ҷо овардан – *erfüllen, durchführen* (ба – Präp. *zu*, ҷо – *Ort*, овардан – *bringen*) → Вай ин мақсадро ба ҷо овард. – *Er hat dieses Vorhaben verwirklicht.*

▸ аз даст додан – *verlieren* (аз – Präp. *aus*, даст – *Hand*, додан – *geben*) → Ёрро аз даст додан тақдири бад аст. – *Den Freund zu verlieren ist ein schweres Schicksal.*

(Zu weiteren Präpositionen vgl. S. 56, § 45)

§ 20 Formen der Unbestimmtheit

(1) Um die Unbestimmtheit oder die Einmaligkeit einer Sache zu unterstreichen, wie sie im Deutschen durch den unbestimmten Artikel *ein* vermittelt wird, können im Tadschikischen verschiedene Formen verwendet werden.

a) Das Nomen wird durch das nichtakzentuierte Suffix -е markiert:[32)] китóбе – *ein Buch*; шáҳре – *eine Stadt.*

▸ Дар ҷангал хонае ҳаст. – *Im Wald gibt es ein Haus.*

---

30) In der gehobeneren Sprache wird sie auch in Kombination mit der Präposition ба in der Form ба ҷуз, mit der Präposition аз in der Form ҷуз аз oder in der Form ба ҷуз аз verwendet: ▸ ба ҷуз он писар – *außer diesem Jungen*; ▸ ҷуз аз ман – *außer mir*; ▸ ба ҷуз аз саволи шумо – *bis auf deine Frage.*

31) Die zusammengesetzte Präposition ҳамчун kann auf der zweiten Silbe jedoch einen Sekundärakzent erhalten: ▸ ҳамчу̀н духтýр – *als Arzt.*

32) Dieses е heißt ёи ваҳдат – *e der Einheit, e der Unbestimmtheit.*

- Касе омад. – *Jemand (eine Person) kam.*
- Рӯзе мо ба ҳавлии он кас рафтем. – *Einmal (eines Tages) gingen wir zu seinem Gehöft.*

b) Dem jeweiligen Nomen wird das Zahlwort як – *ein(s)* (vgl. S. 39, § 29) wie ein unbestimmter Artikel vorangestellt: як китоб – *ein Buch*; як шаҳр – eine Stadt.

- Ман як себ мехӯрам. – *Ich esse einen Apfel.*
- Як нафар омад. – *Jemand (eine Person) ist gekommen.*
- Як пиразан буд. – *Es war eine alte Frau.*

(2) Bei Attributverbindungen mit изофа (vgl. S. 21, § 16(1)) wird das Suffix -е an das letzte Glied der изофа-Konstruktion angefügt.[33)]

- Дар ҷангал хонаи чӯбине ҳаст. – *Im Wald gibt es ein Holzhaus.*
- Дар хона шахси ношиносе буд. – *Im Haus war eine unbekannte Person.*
- Рӯзе мо ба ҳавлии калоне рафтем. – *Eines Tages fuhren wir auf ein großes Gehöft.*

(3) In Verbindung mit einem negierten Verb steht das nichtakzentuierte Suffix -е für das deutsche Indefinitpronomen *kein, niemand, nichts*.[34)]

- Касе нарафт. – *Niemand ging.*
- Вай чизе нагуфт. – *Er hat nichts gesagt.*
- Ман шакке надоштам. – *Ich hatte keinen Zweifel.*

(Zum Ausdruck von Bestimmtheit vgl. auch S. 8, § 4, S. 23, § 17(3) und S. 31, § 23)

§ 21 Einige Adverbien und Fragepronomina

(1) Von dem Substantiv ҷо (*Ort*) werden sowohl die Adverbien ин ҷо (*hier, hierher*) und он ҷо (*dort, dorthin*) wie auch das Fragepronomen куҷо (*wo, wohin*) gebildet.

- Донишгоҳ ин ҷост. – *Die Universität ist hier.*
- Он ҷо ҳаво гарм аст. – *Dort ist es warm.*
- Биҳишт куҷост? Биҳишт дар осмон аст. – *Wo ist das Paradies? Das Paradies ist im Himmel.*
- Вай куҷо меравад? Вай ба бозор меравад. – *Wohin geht er? Er geht auf den Basar.*

(2) Die Adverbien ин ҷо (*hier*) und он ҷо (*dort*) wie auch das Fragepronomen куҷо (*wo, wohin*) können mit Präpositionen verbunden werden: ба куҷо – *wohin*; ба ин ҷо – *hierher*; ба он ҷо – *dorthin*; аз куҷо – *woher*; аз ин ҷо – *von hier*; аз он ҷо – *von dort*; то куҷо – *bis wohin*; то ин ҷо – *bis hierher*; то он ҷо – *bis dorthin*; дар куҷо – *wo*; дар

---

33) Aus rhetorischen Gründen kann das Attribut auch nachgestellt und das Suffix -е direkt an das jeweilige Nomen angefügt werden: ▸ Дар кӯча саге буд газанда. (Statt: Дар кӯча саги газандае буд.) – *Ein bissiger Hund war auf der Straße.*

34) Vgl. hierzu auch S. 37, § 27(3).

ин ҷо – *hier*; дар он ҷо – *dort (drin)*; бар куҷо – *worauf*; бар ин ҷо – *hierauf*; бар он ҷо – *dort drauf*.

- Ин роҳ то куҷо мебарад? Ин роҳ то Самарқанд мебарад. – *Wohin führt dieser Weg? Dieser Weg führt bis nach Samarkand.*
- Бар куҷо задӣ? Бар замин задам. – *Wohin hast du geschlagen? Ich habe auf die Erde geschlagen.*
- Дарвоз дар куҷост? Дарвоз дар кӯҳистони Помир аст. – *Wo ist Darwos? Darwos ist im Pamirgebirge.*

(3) Von den Substantiven тавр (*Art, Weise*), хел (*Art, Sorte*) und гуна[35] (*Farbe*) werden die Fragepronomina чӣ тавр, чӣ хел und чӣ гуна (alle: *wie? was für ein?*) sowie die Formen ин тавр und ин хел (beides: *so*; *solcher*, *dieser Art*, *auf diese Weise*) sowie ин гуна (*so*; *auf diese Art*, *dieser Art*) gebildet.

- Аҳволи шумо чи тавр? – *Wie geht es Ihnen?* (wörtlich: *Wie ist Ihre Lage?)*
- Ин себ чӣ гуна аст? Ин себ сурх аст. – *Was für ein Apfel ist das? Das ist ein roter Apfel.*
- Ин гуна санбӯсаро чӣ тавр мепазанд? – *Wie kocht man diese Art Sambusa?*[36]
- Ин тавр намегӯянд. – *So sagt man nicht.*
- Дар мамлакати мо ин хел мева нест. – *In unserem Land gibt es solches Obst nicht.*

§ 22 Einige Fragepartikel

(1) Fragesätze ohne Fragepronomina (vgl. S. 11, § 8) können mit der Partikel оё oder магар eingeleitet werden, um den Fragecharakter des Satzes zu unterstreichen. Das kann gelegentlich notwendig sein, da sich (im Unterschied zum Deutschen) die Reihenfolge der Satzglieder in einem Aussagesatz und in einem Fragesatz nicht unterscheidet.

- Магар ин миз аст? Бале, ин миз аст. – *Ist das ein Tisch? Ja, das ist ein Tisch.*
- Оё ӯ бемор аст? Ӯ бемор нест, ӯ солим аст. – *Ist er krank? Er ist nicht krank, er ist gesund.*
- Магар ту ҳам меравӣ? – *Gehst du etwa auch?*

(2) Die (vorwiegend in der gesprochenen Sprache verwendeten) Fragepartikel -мӣ und -чӣ dienen zur emotionalen Verstärkung einer Frage. Diese Partikel werden gewöhnlich nach einem Verb verwendet und tragen keinen Akzent. Die Partikel -чӣ verleiht dem jeweiligen Verb den Charakter eines Wunsches bzw. einer Einladung.[37]

---

[35] Dieses Wort wird heute nicht mehr selbständig verwendet, sondern nur als Bestandteil der hier genannten Wortverbindungen.

[36] Санбӯса – gefüllte Teigtaschen. Zur Aussprache von нб als [mb] vgl. S. 6, § 2(4).

[37] Diese Partikel sind usbekischer Herkunft und werden nicht von allen Tadschikisch-Sprechern als normgerecht emfpunden.

- Ба мактаб меравед-мӣ? – *Geht ihr in die Schule?*
- Чой хӯрӣ-чӣ? – *Trinkst du Tee?* (Im Sinne: *Trink doch einen Tee!*)

§ 23 Zum Numerus der Nomina

(1) Der Plural von Nomina wird mit Hilfe der Suffixe -ҳо und -он gebildet.

(2) Das Suffix -ҳо ist universell und kann sowohl für belebte wie auch für unbelebte Nomina verwendet werden.

- зан – *Frau* → занҳо
- шер – *Löwe* → шерҳо
- китоб – *Buch* → китобҳо

(3) Das Suffix -он kann nur bei belebten und einigen wenigen unbelebten Nomina verwendet werden.[38] Hierzu gehören die Bezeichnungen von Pflanzen und ihren Teilen, die Namen von paarweise vorhandenen Körperteilen, Substantive mit dem ortsbezeichnenden Suffix -сор/-зор (vgl. S. 91, § 71(3)b)) u.a.[39]

- мард – *Mann* → мардон
- асп – *Pferd* → аспон
- дарахт – *Baum* → дарахтон
- лаб – *Lippe* → лабон
- чашм – *Auge* → чашмон
- даст – *Hand* → дастон
- кӯҳсор – *Bergland* → кӯҳсорон
- лолазор – *Tulpenfeld* → лолазорон

(4) Da in der tadschikischen Wortbildung aufeinanderfolgende Vokale vermieden werden, muss das Pluralsuffix -он von einem Wort, das auf einen Vokal endet, durch Einfügung eines Konsonanten getrennt werden. Hierbei gilt:

a) Endet ein Nomen auf -а, wird ein -г- eingefügt.

- талаба – *Schüler* → талабагон

b) Endet ein Nomen auf -о oder -ӣ, wird ein [j] eingefügt. Das Pluralsuffix schreibt sich dann -ён.

- доно – *Weiser* → доноён

---

[38] Der Entscheidung, ob der Plural belebter Nomina mit dem spezifischen Suffix -он oder mit dem universell einsetzbaren Suffix -ҳо gebildet wird, liegen häufig stilistische Erwägungen zugrunde. Das Suffix -он wird in der gehobeneren Sprache bevorzugt. Außerdem sollte es in jedem Fall bei der Nennung von Personen verwendet werden, denen man eine bestimmte Wertschätzung entgegenbringen möchte: ▸ падар – *Vater* → падарон; ▸ ҳамватан – *Landsmann* → ҳамватанон. Bei Verwandtschaftsbezeichnungen, die auf -а enden, bei russischen Lehnwörtern und bei Völkernamen wird dagegen das Pluralsuffix -ҳо bevorzugt: ▸ ука – *(jüngerer) Bruder* → укаҳо; ▸ амма – *Tante (väterlicherseits)* → аммаҳо; ▸ курсант – *Offiziersschüler* → курсантҳо; ▸ фин – *Finne* → финҳо.

[39] In der Umgangssprache bilden auch die Bezeichnungen für einige Himmelskörper einen Plural auf -он: ▸ ситора – *Stern* → ситорагон. Zur Einfügung des -г- vgl. S. 31, § 23(4)a).

- гумрукчӣ – *Zöllner* → гумрукчиён
- донишҷӯ – *Student* → донишҷӯён

c) Endet ein Wort auf -у oder -ӯ, wird ein -й- oder ein -в- eingefügt.

- абрӯ – *Braue* → абрӯвон

(5) Bei einer Aufzählung mehrerer, im Plural stehender Substantive kann das Pluralsuffix nur an das letzte Substantiv angefügt werden.

- корхонаю заводҳо – *Fabriken und Betriebe*
- донишкадаю омӯзишгоҳҳо – *Institute und Berufsschulen*
- театру хонаҳои маданият – *Theater- und Kulturhäuser*

(6) Wird ein im Plural stehendes Substantiv durch ein mit изофа angefgügtes Attribut näher bestimmt, bleibt das Attribut unverändert, das heißt: es nimmt keine Pluralendung an.

- дарахти баланд – *der hohe Baum* (oder: *hohe Bäume*) UND: дарахтҳои баланд – *die hohen Bäume*
- марди ҷавон – *der junge Mann* (oder: *junge Männer*) UND: мардҳои ҷавон – *die jungen Männer*

(7) Einige Wörter arabischen Ursprungs bilden den Plural mit Hilfe des Suffixes -от. Andere arabische Lehnwörter bilden durch eine innere Flexion einen sogenannten gebrochenen Plural.

- ҳосил – *Ernte* → ҳосилот
- олим – *Gelehrter* → уламо
- мадраса – *Medrese* → мадорис

(8) Das arabische Pluralsuffix -от kann auch an einige Wörter nichtarabischer Herkunft angefügt werden.

- боғ – *Garten* → боғот
- деҳа – *Dorf* → деҳот
- пажӯҳиш – *Untersuchung* → пажӯҳишот

(9) Endet das Nomen auf einen Vokal, wird zwischen dem auslautenden Vokal und das Pluralsuffix -от ein -ҷ- eingefügt.

- навишта – *Schrift*, *Werk* → навиштаҷот

(10) Arabische Pluralformen kommen in der modernen tadschikischen Sprache vergleichsweise selten vor. Dort, wo sie verwendet werden, weisen sie häufig eine Tendenz zur Lexikalisation vor. Das heißt: die Wörter mit den entsprechenden Pluralformen stellen nur noch etymologisch gesehen einen Plural dar und haben in dieser Form eine neue, eigenständige Bedeutung erhalten (vgl. auch S. 92, § 71(3)j)).

a) Oft haben solche Formen die Bedeutung von Sammelbegriffen.

- атроф – *Umgebung* (> тараф – *Seite*)
- сабзаҷот bzw. сабзавот – *Gemüse* (> сабза – *junges grünes Gras*, *Keim*)
- ҳайвонот – *Tierwelt*, *Fauna* (> ҳайвон – *Tier*)

b) Einige Wörter mit arabischen Pluralformen werden als Singular aufgefasst.

- ташкилот – *Organisation* (> ташкил – *Bildung, Gründung*; Plural: ташкилотҳо)
- ҳашарот – *Insekt* (> ҳашара [heute ungebräuchlich] – *Insekt, kleines Reptil*; Plural: ҳашаротҳо)
- асбоб – *Werkzeug* (> сабаб – *Grund, Ursache, Anlass, Mittel*; Plural: асбобҳо)
- аъзо – *Mitglied* (> узв – *Glied, Organ, [Körper-]Teil*; Plural: аъзоён)

(11) Die Pluralformen vermitteln im Tadschikischen über die Pluralbedeutung hinaus oft auch die Kategorie der Bestimmtheit. Sie dürfen deshalb nicht immer angewendet werden, wenn im Deutschen ein Plural stehen würde. So kann im Tadschikischen ein Nomen im Singular stehen, aber einen Plural bezeichnen, wenn in einem allgemeineren Sinn eine Sorte oder eine Kategorie bezeichnet werden soll.

- себ – *Äpfel* (als ein Obst), ABER: себҳо – *(die) Äpfel*
- китоб *Bücher* (als eine Kategorie von Gegenständen), ABER: китобҳо – *(die) Bücher*
- зан – *Frauen* (als ein Geschlecht), ABER: занҳо – *(die) Frauen*

(12) Wird ein im Singular stehendes Nomen in einer solchen Kategorie-Bedeutung als direktes Objekt gebraucht, darf es nicht durch die Postposition -ро gekennzeichnet werden, da diese wiederum die Kategorie der Bestimmtheit vermitteln würde (vgl. S. 23, § 17(3)).

- Ман себу зардолу мехӯрам. – *Ich esse Äpfel und Aprikosen.* ABER: Ман себу зардолуҳоро мехӯрам. – *Ich esse die Äpfel und Aprikosen.*
- Дафтар овардед? – *Habt ihr Hefte mitgebracht?* ABER: Дафтарҳоро овардед? – *Habt ihr die Hefte mitgebracht?*

(13) Die Pluralsuffixe -он/-ён und -ҳо können auch an einige Personalpronomina angefügt werden (vgl. S. 9, Anmerkung 8).

(Zum Numerus vgl. außerdem S. 74, § 57(5) und S. 74, § 58)

§ 24 Der Imperativ

(1) Der Imperativ wird nur in der zweiten Person Singular und Plural gebildet. Im Singular entspricht er dem Präsensstamm. Im Plural (= Höflichkeitsform, vgl. S. 11, § 7) wird die Endung der 2. Person Plural -ед an den Präsensstamm angefügt.[40)]

- хон! – *lies!*
- хез! – *steh auf!*
- Ин себро гир! – *Nimm diesen Apfel!*
- равед! – *geht!, gehen Sie!*

[40)] Mitunter wird im Plural auch die Personalendung -етон verwendet: ▸ хонетон! – *lest!* Diese Endung geht auf das enklitische Pronomen der 2. Person Plural -атон zurück (vgl. S. 43, § 33(1))

- хӯред! – *esst!, essen Sie!*
- Ин калимаро нависед! – *Schreibt (schreiben Sie) dieses Wort!*

⟨2⟩ In der Poesie und in älteren Texten, aber auch in der gehobenen Umgangssprache kann den Formen des Imperativs auch das akzentuierte Präfix бú- oder sein Allophon бý- vorangestellt werden.

- бúхон! – *lies!*
- бýбин! – *schau!*
- бúравед! – *geht!*
- бúшинед! – *setzt euch!, setzen Sie sich!*

⟨3⟩ Der Imperativ des Verbs омадан (*kommen*) wird immer mit Hilfe des akzentuierten Präfixes би- gebildet. Da zwischen Präfix und Stamm ein [j] geschoben wird, ist der Verbstamm о als ё zu schreiben.

- бúё! – *komm!*
- бúёед! – *kommt! kommen sie!*

⟨4⟩ Der Imperativ des Verbs будан – *sein* wird vom Stamm бош (vgl. S. 18, § 13⟨4⟩ und S. 49, § 37⟨3⟩) gebildet und darf nicht durch das Präfix би- bzw. бу- erweitert werden.[41)]

- Саломат бошед! – *Gesundheit!* (Spruch beim Niesen, wörtlich: *Seien Sie gesund!*)
- Мард бошед! – *Seien Sie ein Mann!* (Beileidsbekundung im Sinne von *Bleiben Sie stark!*)

⟨5⟩ Die Negation des Imperativs erfolgt mit Hilfe des akzentuierten Präfixes -нá. In der Negationsform darf das Präfix би- bzw. бу- (auch beim Verb омадан – *kommen*) nicht verwendet werden.

- Ба он ҷо нáрав! – *Geh nicht dort hin!*
- Шароб нáхӯред! – *Trinkt keinen Wein!*
- Бекор нáшин – ҳаракат кун! – *Sitz nicht unnutz herum, beweg dich!*

⟨6⟩ In der Poesie und in älteren Texten, aber auch in der gehobenen Umgangssprache kann an die Stelle von -нá die Form -мá treten.

- мáгӯ! – *sag nicht!*

⟨7⟩ Die Partikel канӣ lässt den Imperativ nicht als Befehl erscheinen, sondern verleiht ihm den Charakter einer höflichen Aufforderung. Die Partikel канӣ kann sowohl am Anfang wie auch am Ende eines Satzes mit Imperativ stehen und wird durch ein Komma getrennt.[42)]

- Канӣ, ба ман гӯед ... – *Würden Sie mir bitte sagen ...*
- Ин ҷумларо хонед, канӣ. – *Würdet ihr diesen Satz lesen.*

---

41) Präfixalverben mit омадан, овардан und доштан (vgl. S. 75, § 59⟨4⟩) nehmen das Präfix би- bzw. бу- ebenfalls nicht an.

42) Die Partikel канӣ wird nicht von allen Tadschikisch-Sprechern als normgerecht angesehen.

§ 25 Indefinitpronomina mit den Bedeutungen *jemand*, *etwas*, *manche*, *einige*

(1) Von den Nomina кас (*Person*) und чиз (*Sache*) können mit Hilfe des Suffixes -е (ёи ваҳдат, vgl. S. 28, § 20(1)a)) die Indefinitpronomina касе (*jemand*, *irgendwer*) und чизе (*etwas*, *irgendwas*) gebildet werden.

- Касе ба ман салом дод. – *Jemand hat mich gegrüßt.*
- Модар ба Дилбаршоҳ чизе гуфт. – *Die Mutter hat Dilbarschoh (irgend)etwas gesagt.*

(2) Die Indefinitpronomina ягон, кадом und кадом як (alle: *irgendein*) können gemeinsam mit einem Substantiv verwendet werden, um eine Sache oder eine Person als nicht näher bestimmt oder als unbestimmbar zu beschreiben. Sie können auch *ein beliebiger* bedeuten. Um die Unbestimmtheit besonders zu unterstreichen, kann das entsprechende Substantiv außerdem durch ein ёи ваҳдат (vgl. S. 28, § 20(1)a)) markiert werden.[43)]

- Ягон вақт ба хонаи мо марҳамат кунед. – *Kommt zu einer beliebigen Zeit (irgendwann einmal) bei uns vorbei.*
- Ин овозаро кадом як пиразан паҳн кард. – *Dieses Gerücht hat irgendeine alte Frau verbreitet.*
- Вай бо кадом сабабе ба мактуб ҷавоб нагардонд. – *Aus irgendeinem Grund hat er nicht auf den Brief geantwortet.*

(3) Die Indefinitpronomina чанд (*einige*, *diverse*), чанде аз, якчанд (auch: як чанд – *einige*, *irgendwelche*) und баъзе (*einige*, *irgendwelche*) weisen auf eine unbestimmte Anzahl von etwas hin. Während ein auf чанд oder якчанд folgendes Substantiv im Singular bleibt, stehen Substantive nach чанде аз und баъзе im Plural.

- Ин шахс чанд рӯз дар хонаи мо зиндагӣ кард. – *Diese Person wohnte einige Tage bei uns zu Hause.*
- Якчанд соат гузашт. – *Einige Stunden waren vergangen*
- Чанде аз ҳамсояҳо шикоят карданд. – *Einige Nachbarn beschwerten sich.*
- Дина баъзе занҳои маҳаллаи мо ба кадом як тӯй рафтанд. – *Gestern gingen einige Frauen aus unserem Wohnviertel auf irgendeine Hochzeit.*

(4) Das Indefinitpronomen фалон beschreibt eine nicht näher bezeichnete, aber doch dem anderen bekannte Sache oder Person. Das davon abgeleitete Indefinitpronomen фалонӣ kann auch selbständig verwendet werden und bezieht sich immer auf eine Person.

- Фалон рӯз онҳо меоянд. – *An diesem gewissen Tag kommen sie.*
- Фалонӣ паролро ба шумо мегӯяд. – *Dieser gewisse Jemand wird ihnen die Parole mitteilen.*

[43)] Vorwiegend in der gesprochenen Sprache sind außerdem das Indefinitpronomen ким-кадом – *irgendein* sowie die mit ким gebildeten Formen ким-кай – *irgendwann*, ким-куҷо – *irgendwo*, ким-кӣ *irgendwer* und ким-чӣ – *irgendwas* verbreitet. Diese Ausdrücke werden nicht von allen Sprechern als normgerecht angesehen. ▸ Туро ким-кадом одам чеғ зад. – *Dich hat irgendjemand gerufen.*; ▸ Вай ким-чӣ гуфту рафт. – *Er hat irgendetwas gesagt und ist dann gegangen.*

§ 26 Das durative Präteritum

(1) Das durative Präteritum entspricht der Form des einfachen Präteritums, welcher das Präfix ме- vorangestellt wird.

- ман мегуфтам – *ich sagte*
- ту мешунидӣ – *du hörtest*
- вай мерафт – *er ging*
- мо мехондем – *wir lasen*
- шумо медидед – *ihr saht* (bzw. höfliche Anrede: *Sie sahen*)
- онҳо мекашиданд – *sie zogen* (bzw. Höflichkeitsform: *er zog*)

(2) Die Negation wird mit Hilfe des akzentuierten Formans нá- gebildet, welches der Form des durativen Präteritums vorangestellt und mit dieser zusammengeschrieben wird.

- ман нáмегуфтам – *ich sagte nicht*
- вай нáмерафт – *er ging nicht*
- онҳо нáмекашиданд – *sie zogen nicht* (bzw. Höflichkeitsform: *er zog nicht*)

(3) Das durative Präteritum beschreibt eine Handlung, die in der Vergangenheit stattfand, ohne ausdrücklich auf ihre Abgeschlossenheit hinzuweisen. Es kann auch verwendet werden, um die Wiederholung einer Handlung in der Vergangenheit zu beschreiben.

- Падари ман дар мамлакатҳои дур кор мекард. – *Mein Vater arbeitete in fernen Ländern.*
- Талабаҳо он вақт ба мактаб намерафтанд. – *Die Schüler gingen damals nicht zur Schule.*

(4) Gemeinsam mit der Konjunktion кошки (*wenn doch*) bildet das durative Präteritum einen Optativ, das heißt einen Modus, der einen Wunsch (im allgemeinen des Sprechers) zum Ausdruck bringt.

- Кошки медонистӣ! – *Wenn du wüßtest!*
- Кошки ӯ ҳам ин ҷо мебуд! – *Wenn er nur auch hier wäre!*
- Кошки падар имрӯз ба хона меомад! – *Es wäre schön, wenn der Vater heute nach Hause käme.*

(5) Das durative Präteritum dient auch zur Bildung des Irrealis, der in Konditionalsätzen mit einer irrealen Bedingung verwendet wird (vgl. S. 69, § 54(3)).

§ 27 Indefinitpronomina mit den Bedeutungen *alle, jeder, kein*

(1) Das Indefinitpronomen ҳама (*all, ganz*) weist auf etwas in seiner Gesamtheit hin.

a) Ein auf ҳама folgendes Substantiv steht im Plural und wird durch изофа mit dem Indefinitpronomen verbunden.[44)]

- Ҳамаи талабаҳо омаданд. – *Alle Schüler sind gekommen.*

[44)] In der Umgangssprache sind auch Konstruktionen ohne изофа möglich: ▸ ҳама одамҳо – *alle Leute.*

- Пролетарҳои ҳамаи мамлакатҳо як шавед! – *Proletarier aller Länder vereinigt euch!*

b) Kollektiva sowie Substantive, die selbst eine Gesamtheit bezeichnen, nehmen nach ҳама keine Pluralform an.

- Ин дар ҳамаи дунё маълум аст. – *Das ist auf der ganzen Welt bekannt.*
- Ҳамаи шишаи тиреза чиркин шуд. – *Das ganze Fensterglas ist schmutzig geworden.*

c) Mit ҳама werden die unveränderlichen Adverbien ҳама вақт (*immer, jederzeit*) und (дар) ҳама ҷо (*überall, jedenorts*) gebildet.

- Ӯ ҳама вақт шод аст. – *Er ist immer fröhlich.*
- Ин касро дар ҳама ҷо мешиносанд. – *Man kennt ihn überall.*

(2) Das Indefinitpronomen ҳар (*jeder*) bezieht sich auf die einzelnen Teile oder Glieder einer Gesamtheit.

a) Es steht ohne изофа vor dem entsprechenden Nomen.

- Ҳаво ҳар рӯз дигар мешуд. – *Das Wetter änderte sich jeden Tag.*
- Вай бо ҳар баҳона розӣ нашуд. – *Unter allen (möglichen) Vorwänden weigerte er sich.* (wörtlich: ... *wurde nicht einverstanden*)

b) Mit ҳар können andere Indefinitpronomina gebildet werden. Hierzu gehören: ҳар хел, ҳар гуна, ҳар ранг (alle drei: *jederart, jederlei*) und ҳар як (*jeder einzelne*). Sie stehen ebenfalls ohne изофа vor dem jeweiligen Nomen. Das Indefinitpronomen ҳар кадом (*jeder einzelne*) muss dagegen durch изофа mit dem nachfolgenden Nomen verbunden werden.

- Дар бозори Самарқанд ҳар хел мева ҳаст. – *Auf dem Basar von Samarkand gibt es jederart Obst.*
- Ҳар як ҷумларо хонед! – *Lest jeden (einzelnen) Satz!*
- Ҳар кадоми мо ба соат нигоҳ кардем. – *Jeder von uns schaute auf die Uhr.*

(3) Das Indefinitpronomen ҳеҷ wird fast ausschließlich mit negierten Verbformen verwendet und bedeutet dann *kein*. Es wird in dieser Funktion häufiger verwendet als das ёи ваҳдат (vgl. S. 29, § 20(3)), kann aber auch mit diesem kombiniert werden, um die Aussage zu verstärken, und bedeutet dann *überhaupt kein, keinerlei.*

a) Es steht unmittelbar vor dem betreffenden Nomen.

- Дар ин ноҳия ҳеҷ мазор нест. – *In dieser Gegend gibt es kein Heiligengrab.*
- Ҳеҷ шубҳа намемонад. – *Es bleibt kein Zweifel.*
- Вай ҳеҷ тассавуроте надорад. – *Er hat überhaupt keine Vorstellung.*

b) Mit ҳеҷ werden die Indefinitpronomina ҳеҷ кас (*niemand*), ҳеҷ чиз (*nichts*), ҳеҷ чӣ (*gar nichts*), ҳеҷ гуна (*keinerart, keinerlei*), ҳеҷ кадом (*keiner*) und ҳеҷ як (*keiner*) gebildet.

- Ҳеҷ кас ба вай ҷавоб надод. – *Keiner antwortete ihm.*
- Ҳеҷ чиз ба мо халал намерасонад. – *Nichts stört uns.*
- Ҳеҷ гуна гул наёфтам. – *Ich habe keinerlei Blumen gefunden.*
- Ҳеҷ кадом савол бе ҷавоб намонд. – *Keine einzige Frage blieb ohne Antwort.*

c) Mit ҳеҷ werden die Adverbien ҳеҷ вақт (*nie, niemals*), ҳеҷ гоҳ (*nie, niemals, in keiner Weise*), ҳеҷ ҷо (*nirgends*), ҳеҷ куҷо (*nirgendwo hin*) gebildet.

- Ин касро ҳеҷ вақт намебинам. – *Ich sehe ihn nie.*
- Бо ин мошин ҳеҷ гоҳ ба Душанбе намерасем. – *Mit diesem Auto gelangen wir nie (in keiner Weise) nach Duschanbe.*
- Вай дар ҳеҷ ҷо нест. – *Er ist nirgends.*
- Баъд ҳеҷ куҷо нарафтам. – *Dann bin ich nirgendwo hingegangen.*

d) Gelegentlich wird ҳеҷ auch selbständig mit der Bedeutung *überhaupt* zur Verstärkung einer Negation verwendet.

- Ҳеҷ мумкин нест. – *Das ist überhaupt nicht möglich.*

§ 28 Der Gebrauch von дигар

(1) Wird дигар mit изофа als Attribut gebraucht, bedeutet es *anderer, sonstiger, nächster* oder *folgender.*

- китоби дигар – *ein anderes Buch*
- рӯзи дигар – *der folgende (nächste) Tag; am folgenden (nächsten) Tag*
- (дар) рӯзҳои дигар – *an den anderen (sonstigen) Tagen*
- бори дигар – *das nächste (folgende) Mal*
- ба таври дигар – *anders, auf andere Art*
- тарафи дигари кӯча – *die andere Straßenseite*

Eine Ausnahme bildet das Substantiv хел (*Art, Weise*), dem дигар in derselben Bedeutung vorangestellt wird.

- дигар хел – *anders, auf andere Art, andersartig*

(2) Wird дигар als Adverb verwendet und einem anderen Wort vorangestellt, bedeutet es *sonst* oder *noch.*

- дигар бор – *noch einmal, ein weiteres Mal*
- Дигар чӣ мегӯӣ? – *Was sagst du sonst (noch)?*

(3) In Verbindung mit negierten Verben bedeutet дигар *nicht mehr.*

- Вай дигар дер намемонад. – *Er kommt nicht mehr zu spät.*
- Талабаҳо дигар сухани муаллимро гӯш намекарданд. – *Die Schüler hörten nicht mehr auf das, was der Lehrer sagte.*
- Дигар ҳеҷ чиз немегӯям. – *Ich sage nichts mehr.*

(4) Дигар ist Bestandteil der zusammengesetzten Verben дигар будан (*anders sein, sich unterscheiden*), дигар(гун) кардан (*verändern, umgestalten*) und дигар шудан *(sich verändern, sich umgestalten*).

- Фикри вай дигар буд. – *Er war anderer Meinung.* (wörtlich: *Seine Meinung war anders.*)
- Муҳандис сохти дастгоҳро дигар кард. – *Der Ingenieur hat die Konstruktion der Werkbank verändert.*
- Ҳаво дигар шуд. – *Das Wetter hat sich geändert.*

(5) Durch Verbindung mit der Konjuktion ҳам (*auch*) oder mit dem Zahlwort як (*eins*, vgl. S. 39, § 29) werden die reziproken Pronomina ҳамдигар, якдигар (beide: *einander*) gebildet.

- Мардуми ин маҳалла ба ҳамдигар ёрӣ мерасонанд. – *Die Menschen dieses Viertels helfen einander.*
- Мо бо ҳамдигар ошно будем. – *Wir kannten einander.*
- Онҳо аз якдигар фарқ надоранд. – *Sie unterscheiden sich nicht voneinander.*
- Оё шумо ба якдигар хеш нестед? – *Seid ihr etwa nicht miteinander verwandt?*

§ 29 Die Grundzahlen

(1) Die Grundzahlen von *eins* bis *neunzehn* sind:

- сифр – *Null*
- як – *eins*
- ду – *zwei*
- се – *drei*
- чор – *vier*
- панҷ – *fünf*
- шаш – *sechs*
- ҳафт – *sieben*
- ҳашт – *acht*
- нӯҳ – *neun*
- даҳ – *zehn*
- ёздаҳ – *elf*
- дувоздаҳ – *zwölf*
- сездаҳ – *dreizehn*
- чордаҳ – *vierzehn*
- понздаҳ – *fünfzehn*
- шонздаҳ – *sechzehn*
- ҳафдаҳ – *siebzehn*
- ҳаждаҳ – *achtzehn*
- нӯздаҳ – *neunzehn*

Die Zehner lauten:

- бист – *zwanzig*
- сӣ – *dreißig*
- чил – *vierzig*
- панҷоҳ – *fünfzig*
- шаст – *sechzig*
- ҳафтод – *siebzig*
- ҳаштод – *achtzig*
- навад – *neunzig*

(2) Werden die Zehnerzahlen ab *zwanzig* durch die Konjunktion у (*und*, nach Vokalen: ю) mit den Zahlen von *eins* bis *neun* kombiniert, erhält man die restlichen Zahlen von *einundzwanzig* bis *neunundneunzig*.

- бисту як – *einundzwanzig*
- бисту ду – *zweiundzwanzig*
- сию нӯҳ – *neununddreißig*
- чилу панҷ – *fünfundvierzig*

(3) Zahlen über *einhundert* werden mit Hilfe der folgenden Zahlwörter gebildet, denen entsprechende Multiplikatoren unmittelbar vorangestellt werden können.

- сад – *hundert*
- ҳазор – *tausend*

- миллион – *Million*
- миллиард – *Milliarde*
- лак – *Hunderttausend* (nur in älteren Texten anzutreffen)

Dazwischen liegende Zahlen bildet man wiederum durch Verbindung mit der Konjunktion у (*und*, nach Vokalen: ю), wobei die größeren Werte den kleineren vorangehen.

- як ҳазору нӯҳсаду наваду се – 1.993
- се ҳазору чорсаду бисту ду – 3.422
- чор лак – 400.000
- ду миллиону сесад ҳазор – 2.300.000

(4) Die Zahlwörter сад – *hundert*, ҳазор – *tausend*, миллион – *Million*, миллиард – *Milliarde* können wie Substantive behandelt werden und das Pluralsuffix -ҳо (vgl. S. 31, § 23) annehmen.

- садҳо – *Hunderte*
- ҳазорҳо – *Tausende*
- миллиионҳо – *Millionen*

(5) Auch ним (*halb*) kann durch die Konjunktion у (*und*, nach Vokalen: ю) mit Grundzahlen verbunden werden.

- якуним – *eineinhalb*
- сеюним ҳазор – *dreieinhalb Tausend*

(6) Die Grundzahlen werden dem Nomen, auf das sie sich beziehen, vorangestellt. Das Nomen steht dabei im Singular und nimmt kein Pluralsuffix an.

- як китоб – *ein Buch*
- панҷ қалам – *fünf Stifte*
- бисту ду рубл – *zweiundzwanzig Rubel*

(7) Auch nach dem Fragepronomen чанд (*wieviel*) steht das Nomen im Singular.

- чанд китоб? – *wieviele Bücher?*
- чанд нафар? – *wieviele Personen?*
- чанд рубл? – *wieviel Rubel?*

§ 30 Zählwörter

(1) Bei Zählungen werden häufig Zählwörter benutzt, die (ohne изофа-Verbindung!) zwischen Grundzahl und Nomen stehen. Die gebräuchlichsten Zählwörter sind: нафар und кас (*Person*) bei der Zählung von Menschen, сар (*Kopf*) bei der Zählung von Vieh[45)], дона (*Korn, Stück*) und адад (*Anzahl, Zahl*) bei der Zählung von vielen unbelebten Gegenständen, ҷилд (*Band*) bei der Zählung von Büchern, банд (*Bund*) und бандча

[45)] Umgangssprachlich kann сар auch für Menschen verwendet werden.

(auch: банча, *Bündel*) bei der Zählung von Erzeugnissen der Feldwirtschaft und anderen gebündelten Gegenständen.[46)]

- ▸ чор нафар –*vier Personen*
- ▸ панҷ кас – *fünf Personen*
- ▸ дусад сар гӯсфанд – *zweihundert Schafe*
- ▸ панҷ дона бодиринг – *fünf Gurken*
- ▸ ду адад китоб – *zwei Bücher*
- ▸ се ҷилд китоб – *drei Bücher*
- ▸ ду банд ҳезум – *zwei Bund Brennholz*
- ▸ як бандча сабзӣ – *ein Bündel Möhren*

⟨2⟩ Das Zählwort даста – *Gruppe, Haufen, Strauß* wird meist nur in Verbindung mit der Zahl як (*eins*) benutzt, um eine bestimmte Ansammlung von Tieren, Menschen oder Gegenständen zu bezeichnen.

- ▸ як даста либос – *ein Kleidersatz*
- ▸ як даста каллапӯш – *ein Stapel Mützen*
- ▸ як даста мӯй – *ein Büschel Haare*
- ▸ як даста созанда – *eine Gruppe Musikanten*

⟨3⟩ Um die Häufigkeit eines sich wiederholenden Geschehens auszudrücken, benutzt man die Zählwörter бор, маротиба (мартаба), дафъа, карра, сафар (alle: *Mal*).

- ▸ Ман се бор он ҷо меравам. – *Ich gehe dreimal dorthin.*
- ▸ Аҳмад ҳар ҳафта чор маротиба бо гимнастика машғул мешавад. – *Ahmad treibt jede Woche viermal Gymnastik.*

§ 31 Die Ordnungszahlen

⟨1⟩ Die Ordnungszahlen werden gebildet, indem man das akzentuierte Suffix -у́м (nach Vokalen: -йу́м bzw. ю́м) an die jeweilige Grundzahl anfügt.

- ▸ як → яку́м – *erster*
- ▸ ду → дую́м – *zweiter*
- ▸ се → сейу́м bzw. сею́м – *dritter*
- ▸ чор → чору́м – *vierter*
- ▸ як саду панҷ → як саду панҷу́м – *einhundertfünfter*

⟨2⟩ Für die Grundzahl *eins* gibt es außerdem die aus dem Arabischen stammende Ordnungszahl аввал.

[46)] Besonders in der Umgangssprache ist außerdem das enklitisch gebrauchte Zählwort -та bzw. -то (*Stück*) verbreitet. Es wird direkt an die Grundzahl angefügt, trägt keinen Akzent und kann für belebte wie für unbelebte Substantive verwendet werden: ▸ дута журнал bzw. дуто журнал – *zwei Zeitschriften* ▸ сета бача bzw. сето бача – *drei Jungen.*

⟨3⟩ Ordnungszahlen werden wie alle anderen Attribute durch изофа mit dem Nomen, auf das sie sich beziehen, verbunden.

- синфи сейум – *die dritte Klasse*
- рӯзи ҳафтум – *der siebente Tag*
- соли аввал – *das erste Jahr*
- бори чорум – *das vierte Mal*

§ 32 Datumsangaben

⟨1⟩ Im Tadschikischen sind heute die russischen Monatsnamen in Gebrauch[47]:

- январ – *Januar*
- феврал – *Februar*
- март – *März*
- апрел – *April*
- май – *Mai*
- июн – *Juni*
- июл – *Juli*
- август – *August*
- сентябр – *September*
- октябр – *Oktober*
- ноябр – *November*
- декабр – *Dezember*

⟨2⟩ Bei Datumsangaben wird die Ordnungszahl vorangestellt und durch изофа mit dem Monatsnamen verbunden.

- (рӯзи) якуми (моҳи) май – *erster Mai*
- (рӯзи) чоруми (моҳи) июн – *vierter Juni*

⟨3⟩ Die Frage nach dem Datum lautet:

- Имрӯз чандум аст? – *Der wievielte ist heute?* ODER: Кай? – *Wann?*

⟨4⟩ Die Namen der Wochentage basieren auf dem Wort шанбе[48] (*Sonnabend*), dem für die folgenden Wochentage die Zahlwörter von *eins* bis *fünf* vorangestellt werden. Für die Benennung des *Freitag* wird ein arabisches Wort benutzt.

- шанбе – *Sonnabend*
- якшанбе – *Sonntag*
- душанбе – *Montag*
- сешанбе – *Dienstag*
- чоршанбе – *Mittwoch*
- панҷшанбе – *Donnerstag*
- ҷумъа – *Freitag*

⟨5⟩ Die Frage nach dem Wochentag lautet:

- кадом рӯз(и ҳафта) – *welcher (Wochen-)Tag?* ODER: чандшанбе – (wörtlich: *der wievielte nach dem Sonnabend?*)

---

[47] Die Schreibweise weicht heute jedoch von der russischen Orthographie ab (vgl. S. 96, § 73⟨5⟩).

[48] Man beachte, dass нб als [mb] ausgesprochen wird vgl. S. 6, § 2⟨4⟩.

(6) Oft wird der Bezeichnung des Wochentags bei Zeitangaben das Wort рӯз (*Tag*) vorangestellt.

- Мо рӯзи ҷумъа дарс дорем. – *Wir haben am Freitag Unterricht.*
- Падар рӯзи чоршанбе меояд. – *Vater kommt am Mittwoch.*

(7) Wird das Wort *Tag* als Zeiteinheit von 24 Stunden verstanden, verwendet man im Tadschikischen die Konstruktion шабонарӯз.

- Як шабонарӯз бисту чор соат мешавад. – *Ein Tag sind vierundzwanzig Stunden.*
- Се шабонарӯз борон борид. – *Es regnete drei Tage lang.*

§ 33 Die enklitischen Pronomina

(1) Neben den Personalpronomina gibt es im Tadschikischen enklitische Pronomina. Sie werden direkt an das Bezugswort angefügt und tragen keinen Akzent. Häufig bezeichnen sie Possessivität.

Tab. 13 Enklitische Pronomina

Person	Singular	Plural
1.	-ам	-амон
2.	-ат	-атон
3.	-аш	-ашон

- китобам – *mein Buch*
- бародарат – *dein Bruder*
- майлаш – *sein Wunsch*[49)]
- мамлакатамон – *unser Land*
- вазифаатон – *eure Aufgabe*
- хонаашон – *ihr Haus*

(2) Nach den auslautenden Vokalen о und ӯ wird ein [j] eingefügt. In der Orthographie wird а entsprechend durch я ersetzt.

- рӯяш – *sein Gesicht*
- поям – *mein Fuß*

(3) Steht das Nomen vor einem enklitischen Pronomen im Plural, wird das enklitische Pronomen an das Pluralsuffix angefügt.

---

49) Der Ausdruck майлаш! (*Wie er will!* wörtlich: *[Es sei] sein Wunsch!*) wird häufig als feste Wendung im Sinne von *Einverstanden! Abgemacht!* gebraucht, aber nicht von allen Tadschikisch-Sprechern als normgerecht angesehen.

- чашмонаш – *seine Augen*
- писаронамон – *unsere Söhne*

(4) Bei Attributverbindungen wird das enklitische Pronomen an das letzte Element dieser Konstruktion angehängt.

- китоби навам – *mein neues Buch*
- се бародари хурдаш – *seine drei kleinen Brüder*

(5) Ist das Nomen oder die Attributverbindung vor einem enklitischen Pronomen ein bestimmtes direktes Objekt, wird die Postposition -ро nach dem enklitischen Pronomen angefügt.

- Рухсатномаатонро нишон диҳед! – *Zeigen Sie ihren Passierschein!*
- Китобҳоятонро гиред! – *Nehmt eure Bücher!*

(6) Werden enklitische Pronomina zum Ausdruck eines Possessivverhältnisses verwendet, können sie die (mit изофа verbundenen) Personalpronomina (vgl. S. 21, § 16(2)) ersetzen.

- дафтари ман = дафтарам – *mein Heft*
- падари ту = падарат – *dein Vater*
- мошини ӯ = мошинаш – *sein Auto*
- хонаи мо = хонаамон – *unser Haus*
- мамлакати шумо = мамлакататон – *euer Land*
- забони онҳо = забонашон – *ihre Sprache*

(7) Enklitische Pronomina und die entsprechenden, mit изофа angefügten Personalpronomina sind in der genannten Funktion (Possessivität) prinzipiell austauschbar. In der Regel liegen der Entscheidung für die eine oder andere Konstruktion inhaltliche Schwerpunktsetzungen oder stilistische Erwägungen zugrunde.

a) Steht das Besitzverhältnis im Mittelpunkt der Satzaussage, wird die Konstruktion mit Personalpronomina bevorzugt. Ist das Besitzverhältnis nur eine ergänzende Information zur Hauptaussage eines Satzes, wird es mit einem enklitischen Pronomen ausgedrückt.

- Ин мошини ман аст. – *Das ist mein Auto.* ABER: Мошинам хароб аст. – *Mein Auto ist kaputt.*

b) Enklitische Pronomina werden bevorzugt, wenn das Korrelat der Possessivkonstruktion im Satz bereits erwähnt wurde.

- Имрӯз колхоз плани пахтаашро иҷро кард. – *Heute hat die Kolchose ihren Baumwollplan erfüllt.*
- Мо дафтарҳоямонро ба муаллим нишон додем. – *Wir haben dem Lehrer unsere Hefte gezeigt.*

c) Enklitische Pronomina der zweiten Person werden in der Anrede verwendet, wenn es sich bei dem Besitzenden um den Angesprochenen handelt.

- Дафтарҳоятонро гиред! – *Nehmt eure Hefte!*
- Мудири мактаб коратонро ба мо нишон дод. – *Der Schuldirektor hat uns eure Arbeit gezeigt.*

d) Gibt es in einem Satz mehrere Possessivkonstruktionen mit demselben Korrelat, wird in der Regel die erste mit einem Personalpronomen und die folgende mit einem enklitischen Pronomen gebildet.

- Рафиқи ман ба хонаам омад. – *Mein Freund kam zu mir nach Hause.*

(8) Enklitische Pronomina können in Verbindung mit Zahlwörtern, Demonstrativ- bzw. Fragepronomina oder Adjektiven eine Partitivität (... *von ihnen*, ... *davon*) ausdrücken.

- Мунира се бача дорад. Якеашон бемор аст. – *Munira hat drei Kinder. Eines von ihnen ist krank.*
- Инаш пунбадонаҳоро ба замин меандохт, дигараш мола мекард. – *Dieser (von ihnen) warf die Baumwollsamen auf das Feld, jener (von ihnen) eggte.*
- Кадомашон тоҷикӣ медонад? – *Wer von ihnen kann Tadschikisch?*
- Авозхоҷа ду писари хурд дошт, калонаш Низомхоҷа ном дошт. – *Awos-Chodscha hatte zwei kleine Söhne. Der größere von ihnen hieß Nisomchodscha.*
- Хубаш, ки ба он ҷо нарафтӣ. – *Das gute daran ist, dass du nicht dorthin gegangen bist.*

(9) Enklitische Pronomina können an den Infinitiv eines Verbs angefügt werden und dann ganze Nebensätze ersetzen.

- Омаданат нағзу рафтанат бад аст. – *Es ist gut, wenn du kommst, und schlecht wenn du gehst.* (Wörtlich: *Dein Kommen ist gut und dein Gehen schlecht.*)
- Чанд рӯз дар биёбон гаштанамро ҳикоя кардам. – *Ich erzählte, wie ich einige Tage in der Wüste umherirrte.* (Wörtlich: **Mein Einige-Tage-in-der-Wüste-Umherirren erzählte ich.*)

(10) In der klassischen Literatursprache, in der modernen Poesie, in der Folklore sowie in vielen tadschikischen Mundarten weisen die enklitischen Pronomina ein über die hier geschilderten Möglichkeiten hinausreichendes Anwendungsspektrum auf. [50)]

---

50) Sie können ein direktes Objekt ausdrücken und dabei an ein finites Verb oder an den nominalen Bestandteil eines zusammengesetzten Verbs angefügt werden: ▸ Ман ба касалхона овардамаш. – *Ich habe ihn ins Krankenhaus gebracht.* ▸ Бародарам соҳиби як писар аст. Хело дӯсташ медорад. – *Mein Bruder hat einen Sohn. Er liebt ihn sehr.* Enklitische Pronomina können ein indirektes Objekt kennzeichnen und dabei ebenfalls an ein finites Verb angefügt werden. ▸ Ҳаёт неъмати зиёд расондат. Дигар камбудӣ намондат. – *Das Leben hat dir viel Gutes zukommen lassen. Es mangelt dir an nichts mehr.*
Enklitische Pronomina können außerdem zum Ausdruck einer Attributverbindung verwendet werden und in dieser Funktion die изофа-Konstruktion ersetzen. Dabei steht das Attribut (im Unterschied zur изофа-Konstruktion) *vor* dem zu bestimmenden Wort und wird durch die Partikel -а (nach auslautendem Vokal: -я) markiert. Das Attribut nimmt das enklitische Pronomen der 3. Person -аш (-яшон) an, wenn das Bezugswort im Singular steht, und -ашон (-яшон), wenn das Bezugswort im Plural steht. ▸ китоба номаш (= номи китоб) – *der Name des Buchs*, ▸ бачая падараш (= падари бача) – *der Vater des Kindes*, ▸ хонаҳоя соҳибонашон (= соҳибони хонаҳо) – *die Besitzer der Häuser.* Solche Wendungen entsprechen Konstruktionen in der deutschen Umgangssprache vom Typ **dem Vater sein Sohn* und gelten trotz ihres häufigen Vorkommens in der gesprochenen Sprache im Tadschikischen nicht als normgerecht.

§ 34 Das Pronomen худ

(1) Reflexive Handlungen werden im Tadschikischen mit Hilfe des universellen, auf alle Personen anwendbaren Reflexivpronomens худ ausgedrückt. Es kann mit Präpositionen und Postpositionen verbunden werden.

- Ман ин китобро барои худ харидам. – *Ich habe dieses Buch für mich gekauft.*
- Худро мазан! – *Schlag dich nicht (selbst)!*
- Гурба худро шуст. – *Die Katze wusch sich.*
- Мо худро медонем. – *Wir kennen uns.*
- Ба худ биёед! – *Kommt zu euch!*
- Варзишгарон аз худ розӣ нестанд. – *Die Sportler sind nicht mit sich zufrieden.*

(2) Худ kann in der Bedeutung *selbst* auch als Demonstrativpronomen verwendet werden und betont dann, dass nur die im Bezugswort genannte Person oder Sache und keine andere gemeint ist. Dabei wird es entweder vor das Bezugswort gesetzt und mit diesem durch изофа verbunden oder es steht (ohne изофа!) nach dem Bezugswort und wird durch das entsprechende enklitische Pronomen markiert: худи ман = ман худам – *ich selbst*; худи ту = ту худат – *du selbst*; худи вай = вай худаш – *er selbst* usw.

- Ман худам ин каждумро надидам. – *Ich selbst habe diesen Skorpion nicht gesehen.*
- Худи шумо ҳам ба ин консерт меравед? – *Geht ihr selbst auch zu diesem Konzert?*
- Худаш ҷавоб дод. – *Er hat selbst geantwortet.*

(3) Худ wird als reflexives Possessivpronomen verwendet, wenn Besitzer und Subjekt des Satzes identisch sind, wenn eine Sache jemandem selbst gehört.

a) Die deutsche Sprache kennt ein solches retroflexes Possessivpronomen nicht. In der Übersetzung ist daher *mein, dein, sein, ihr, unser* oder *euer* einzusetzen.

- Ба ҷои худ нишин! – *Setz dich auf deinen Platz.*
- Вай хонаи худро ба ман нишон дод. – *Er zeigte mir sein Haus.*
- Моҳ бо тамоми ҳусну зебоии худ пайдо шуд. – *Der Mond tauchte in seiner vollen Schönheit auf.*
- Мо бо ҳамсояи худ ба кӯҳистон рафтем. – *Wir fuhren mit unserem Nachbarn in die Berge.*
- Шумо фикри худро гуфтед. – *Ihr sagtet eure Meinung.*
- Онҳо бо меҳнати худ зиндагӣ мекунанд. – *Sie leben von ihrer eigenen Arbeit.*

b) Der retroflexe Charakter des Possessivpronomens худ kann durch die entsprechenden enklitischen Pronomina verstärkt werden und entspricht dann meistens Konstruktionen vom Typ *mein, dein, sein ... eigener.*

- Ман кори худамро тамом кардам. – *Ich habe meine eigene Arbeit beendet.*
- Вай фақат вазифаи худашро иҷро кард. – *Er hat nur seine eigene Aufgabe erfüllt.*

c) In der gehobenen Schriftsprache kann statt худ das reflexive Possessivpronomen хеш verwendet werden. Eine Verstärkung der Aussage durch die entsprechenden enklitischen Pronomina ist dann nicht üblich.

- Ӯ аз афъоли хеш пушаймон шуд. – *Er bereute seine Taten.*
- Мақсади худро ба забони модарии хеш баён созед! – *Formulieren Sie Ihre Absicht in Ihrer Muttersprache!*

(4) Als Bestandteil fester Wendungen und einiger zusammengesetzter Verben bleibt худ unverändert und darf auch nicht durch enklitische Pronomina verstärkt werden. Hierzu gehören zum Beispiel: худ аз худ, худ ба худ – beides: *von selbst, automatisch*; ба сари худ – *nach eigenem Belieben*; аз худ кардан – *sich aneignen, erlernen.*

- Кор худ ба худ меравад. – *Die Sache erledigt sich von selbst.*
- Ӯ ба сари худ зиндагонӣ мекунад. – *Er lebt, wie es ihm gefällt.*
- Ин ҳунарро нағз аз худ кунед! – *Eignet euch dieses Handwerk gut an!*

§ 35 Nebensätze mit ки

(1) Nebensätze werden durch Konjunktionen eingeleitet. Die am häufigsten verwendete Konjunktion ist ки. Sie wird enklitisch verwendet. Die Konjunktion ки trägt also keinen Akzent und wird in der Aussprache an das vorangehende Wort angefügt.

(2) Die Konjunktion ки weist nur auf den Nebensatzcharakter des ihr folgenden Satzes hin. Es hängt vom inhaltlichen Zusammenhang oder von dem der Konjunktion ки unmittelbar vorangehenden Wort ab, ob es sich um einen Kausalsatz, einen Finalsatz, einen Attributsatz oder um eine andere Art Nebensatz handelt.

(3) Die Konjunktion ки kann niemals am Anfang eines Satzes stehen. Sie steht am Anfang eines Nebensatzes, wenn dieser dem Hauptsatz folgt. Sie steht nach dem ersten Satzglied, wenn der Nebensatz dem Hauptsatz vorangeht (vgl. S. 48, § 35(5), S. 48, § 35(6) und S. 56, § 44(3)).

(4) Die Konjunktion ки kann Objektsätze einleiten und dabei der deutschen Konjunktion *dass* oder einem erweiterten Infinitiv mit *zu* entsprechen.

- Вай шунид, ки як мошин меояд. – *Er hörte, dass ein Auto kommt.*
- Бачаҳо ваъда доданд, ки пагоҳ ба мактаб мераванд. – *Die Kinder versprachen, morgen in die Schule zu gehen.* (wörtlich: *Die Kinder versprachen, dass sie morgen in die Schule gehen.*)

(5) Die Konjunktion ки kann Temporalsätze einleiten und entspricht in dieser Funktion den deutschen Konjunktionen *als* und *während.*[51)]

---

51) Eine andere Möglichkeit, deutsche Temporalsätze im Tadschikischen mit Hilfe der Präposition бо auszudrücken, wurde auf S. 27 in § 19(8) behandelt. Temporalsätze mit den Bedeutungen *Bevor* ... oder *Nachdem* ... werden mit Hilfe von abgeleiteten Präpositionen gebildet. Vgl. hierzu S. 58, § 45(4).

- Ӯ дар фикри худ банд буд, ки як нафар дари хонаашро тақ-тақ кард. – *Er war in Gedanken versunken, als jemand an seiner Haustür klopfte.*
- Ман дар хона будам, ки борон сар шуд. – *Ich war zu Hause, als der Regen begann.*

Temporalsätze mit der Konjunktion ки stehen häufig vor dem Hauptsatz. Die Konjunktion ки muss dann nach dem ersten Satzglied stehen.

- Омаданашро ки фаҳмидем, ҳамаи мо аз ҷо хестем. – *Als wir erfuhren, dass er gekommen war, standen wir alle auf.*
- Моҳи май ки ба Душанбе рафтам, ҳаво гарм буд. – *Als ich im Mai nach Duschanbe fuhr, war es warm.*

(6) Die Konjunktion ки kann Kausalsätze einleiten und entspricht in dieser Funktion den deutschen Konjunktionen *weil* und *da*. Auch Kausalsätze mit der Konjunktion ки stehen häufig vor dem Hauptsatz. Die Konjunktion ки muss dann ebenfalls nach dem ersten Satzglied stehen (vgl. S. 48, § 35(5)).

- Вай ки бемор аст, имрӯз намеояд. – *Weil er krank ist, kommt er heute nicht.*
- Ин ҷо ки ҳаво гарм аст, харбузу тарбуза ҳам мерӯяд. – *Da es hier warm ist, wachsen auch Zucker- und Wassermelonen.*

(Zu weiteren Nebensätzen mit ки vgl. S. 53, § 40(1)a), S. 53, § 41 und S. 55, § 43(1))

§ 36 Direkte Rede

(1) Die indirekte Rede wird im Tadschikischen kaum verwendet. Fremde Worte werden in der Regel vom Standpunkt desjenigen wiedergegeben, der sie gesprochen hat, das heißt: als direkte Rede. Direkte Rede wird durch das Verb гуфтан (*sagen*) gekennzeichnet und entweder durch die enklitische Partikel ки (vgl. S. 47, § 35) eingeleitet oder direkt angefügt.

- Падар гуфт ки «Имрӯз ба шаҳр меравем». – *Der Vater sagte: „Wir fahren heute in die Stadt."* ODER: *Der Vater sagte, dass wir heute in die Stadt fahren.*
- Муаллим гуфт: «Акнун менависем.» – *Der Lehrer sagte: „Jetzt werden wir schreiben."* ODER: *Der Lehrer sagte, dass wir jetzt schreiben werden.*
- Мегӯянд ки дар Тоҷикистон ҳаво гарм аст. – *Man sagt, dass es in Tadschikistan warm ist.* (Eigentl.: *Man sagt: „In Tadschikistan ist es warm."*)
- Вай гуфт ки «чойи сабз мехӯрам». – *Er sagte: „Ich trinke grünen Tee."*

(2) Es ist außerdem möglich, die direkte Rede in die Erzählung einzubinden und durch das Verb гуфтан in der jeweiligen Form abzuschließen. Dabei kann sie nur durch Komma hervorgehoben werden.

- Аҳмад бо шунидани ин хабар: «кори ман нест» – гуфт. – *Als Ahmad diese Nachricht hörte, sagte er: „Das ist nicht meine Angelegenheit!"*
- Хуб ҳастам, гуфту чой дод. – *Er sagte, „Mir geht es gut", und gab Tee.*

(3) Direkte Rede kann auch durch eine Infinitivkonstruktion ausgedrückt und als direktes Objekt des Verbs гуфтан formuliert werden.

- Падар имрӯз ба шаҳр рафтанамонро гуфт. – *Der Vater sagte: „Wir fahren heute in die Stadt.“* ODER: *Der Vater sagte, dass wir heute in die Stadt fahren.* (Wörtlich: **Der Vater sagte Unser-heute-in-die-Stadt-Fahren.*)

§ 37 Der Aorist

(1) Um nichtindikative Verbmodi auszudrücken, benutzt man im Tadschikischen eine spezielle Verbform, die als Aorist bezeichnet wird. Während der Indikativ eine Handlung beschreibt, die tatsächlich stattfindet, stattfand oder stattfinden wird (vgl. S. 17, § 13(2)), steht der Aorist in jenen Fällen, wenn die Durchführung einer Handlung nicht zweifelsfrei ist, so bei allen Wünschen, Zielen, Absichten, Erwartungen, Bedingungen usw. Der Aorist entspricht daher in vieler Hinsicht den deutschen Konjunktivformen. Häufig wird er aber auch dann verwendet, wenn im Deutschen der Indikativ benutzt wird.

(2) Der Aorist wird gebildet, indem an den Präsensstamm eines Verbs nur die jeweilige Personalendung (nicht jedoch das Präfix ме-) angefügt wird.

- ман равам – *ich ginge (würde gehen, gehe)*
- ту равӣ – *du gingst (würdest gehen, gehst)*
- вай равад – *er ginge (würde gehen, geht)*
- мо равем – *wir gingen (würden gehen, gehen)*
- шумо равед – *ihr ginget (würdet gehen, geht)*
- онҳо раванд – *sie gingen (würden gehen, gehen)*

(3) Für будан (*sein*) gibt es den speziellen Aoriststamm бош- (vgl. 18, § 13(4)).

- ман бошам – ich sei (*wäre, bin*)
- ту бошӣ – *du seist (wärst, bist)*
- ӯ бошад – *er sei (wäre, ist)*
- мо бошем – *wir seien (wären, sind)*
- шумо бошед – *ihr seiet (wärt, seid)*
- онҳо бошанд – *sie seien (wären, sind)*

(4) Das Verb доштан bildet den Aorist mit Hilfe der Konstruktion дошта бош- und der jeweiligen Personalendung.

- ман дошта бошам – ich hätte (*würde haben, habe*)
- ту дошта бошӣ – *du hättest (würdest haben, hast)*
- ӯ дошта бошад – *er hätte (würde haben, hat)*
- мо дошта бошем – *wir hätten (würden haben, haben)*
- шумо дошта бошед – *ihr hättet (würdet haben, habt)*
- онҳо дошта бошанд – *sie hätten (würden haben, haben)*

(5) Die Negationsformen werden mit Hilfe des akzentuierten Präfixes -нá gebildet. Bei доштан wird das Präfix mit дошта verbunden.

- ман наравам – *ich ginge nicht* (*würde nicht gehen, gehe nicht*)
- ту наравӣ – *du gingest nicht* (*würdst nicht gehen, gehst nicht*)
- ӯ набошад – *er sei nicht* (*wäre nicht, ist nicht*)
- мо набошем – *wir seien nicht* (*wären nicht, sind nicht*)
- шумо надошта бошед – *ihr hättet nicht* (*würdet nicht haben, habt nicht*)
- онҳо надошта бошанд – *sie hätten nicht* (*würden nicht haben, haben nicht*)

(6) Wird der Aorist ohne Modalwörter oder Konjunktionen benutzt, kann er eine höfliche Aufforderung, eine Ermunterung, Einladung oder einen Wunsch ausdrücken. Aufforderungen können (besonders in der gesprochenen Sprache) durch die Fragepartikel -чӣ (vgl. S. 30, § 22(2)), канӣ (vgl. S. 34, § 24(7)) oder die ebenfalls enklitisch gebrauchte Partikel -ку (*doch, wohl*) verstärkt werden.

- Хезед, кор кунем! – *Steht auf, lasst uns weiterarbeiten!*
- Ба вай як гӯям-ку. – *Ich werde es ihm wohl sagen.*
- Бошад! – *Es sei!* (im Sinne von *Abgemacht!*)
- Бемалол бошад! – *Bitte!* (wörtlich: *Es sei ohne Unannehmlichkeiten!*)

(7) Wird der Aorist ohne Modalwörter oder Konjunktionen in einem Fragesatz benutzt, entspricht er dem deutschen Verb *sollen*, wenn es in einem Fragesatz steht.

- Картошкаро пӯст кунам? – *Soll ich die Kartoffeln schälen?*
- Вай ҳам биёяд? – *Soll er auch kommen?*
- Мо ҳар рӯз телефон кунем-чӣ? – *Sollen wir (etwa) jeden Tag anrufen?*

(8) Wird der Aorist ohne Modalwörter oder Konjunktionen benutzt, kann er auch eine Möglichkeit ausdrücken.

- Чӣ тавр гапашро нафаҳмам! – *Wie sollte ich seine Worte nicht verstehen!*

(9) Der Aorist von будан [бош] kann ohne weitere Modalwörter oder Konjunktionen benutzt werden, um ein Thema besonders hervorzuheben. In dieser Funktion lässt sich der Aorist von будан mit der Konstruktion *was ... anbelangt* oder mit der adversativen Konjunktion *aber* übersetzen.

- Вай се писар дорад. Калонашон бошад шашсола аст ва ба мактаб меравад. – *Er hat drei Söhne. Was den Ältesten anbelangt, er ist sechs Jahre alt und geht zur Schule.*
- Мо дар вақташ хат кардем, онҳо бошанд, ҷавоб надоданд. – *Wir haben rechtzeitig geschrieben, aber sie haben nicht geantwortet.*

(10) Der Aorist muss nach der Fragepartikel наход (ки) (*etwa*) stehen. Fragesätze mit наход (ки) tragen oft rhetorischen Charakter und können daher je nach Zusammenhang auch als verneinende Frage übersetzt werden.

- Наход шумо аз ин бехабар бошед? – *Wisst ihr das etwa nicht?*
- Наход ки дӯстони шумо дер монанд? – *Kommen eure Freunde etwa zu spät?* ODER: *Eure Freunde kommen doch nicht etwa zu spät?*

(11) In der klassischen Literatursprache gab es eine weitere Form des Aorists, die jedoch nur für die 3. Person Singular (und gelegentlich für die 1. Person Singular) belegt ist und

ausschließlich als Optativ (für den Ausdruck eines Wunsches) verwendet wurde. Sie wird aus dem Präsensstamm und den jeweiligen Personalendungen gebildet, wobei das [a] der Personalendung durch ein beständiges [o][52] ersetzt wurde. In der modernen Literatursprache ist diese Form als Relikt nur noch für das Verb будан erhalten und lautet бод! бодо! – *es sei!*

- Худо нигоҳдор бод! – *Gott sei (dein) Beschützer!* (Abschiedsformel mit der Bedeutung *Lebe wohl!*)
- Зинда бод ҳамбастагии байналхалқии меҳнаткашон! – *Es lebe die internationale Solidarität der Werktätigen!*
- Нест бод ҷанг! – *Weg mit dem Krieg!*
- Идатон муборак бод! – *Herzlichen Glückwunsch zum Feiertag!* (wörtlich: *Ihr Feiertag sei gesegnet!*)

(Zu anderen Optativformen vgl. S. 36, § 26⟨4⟩)

⟨12⟩ Zum Gebrauch des Aorist mit Modalwörtern sowie mit den Modalverben боистан (*müssen, sollen*), хостан (*möchten, wollen*) und тавонистан (*können*) vgl. S. 51, § 38, S. 52, § 39, S. 53, § 40⟨1⟩a) und S. 64, § 50⟨1⟩a).

§ 38 Das Modalverb боистан

⟨1⟩ Die Modalbedeutung *müssen, sollen* wird mit Hilfe der nichtkonjugierbaren Formen бояд (Präsens) und мебоист (Präteritum) des Verbs боистан[53] ausgedrückt.

⟨2⟩ Nach бояд steht das jeweilige Vollverb im Aorist und kongruiert in Person und Zahl mit dem Subjekt des Satzes. Бояд steht gewöhnlich nach dem Subjekt, bei unpersönlichen Sätzen (vgl. S. 18, § 14⟨3⟩) nach dem ersten Satzglied.

- Ман бояд хона равам. – *Ich muss nach Hause gehen.*
- Ӯ бояд зӯд ояд. – *Er muss bald kommen.*
- Шумо бояд чой хӯред. – *Ihr müßt Tee trinken.*
- Онҳо бояд дар назар дошта бошанд ки мо касал ҳастем. – *Sie müssen berücksichtigen, dass wir krank sind.*
- Фардо бояд ҳуҷҷатҳояшро диҳанд. – *Morgen muss man ihm seine Dokumente geben.*

⟨3⟩ Die Negationsform набояд bedeutet *es ist nicht notwendig, man braucht nicht.*

- Ман имрӯз набояд кор кунам. – *Ich muß heute nicht arbeiten.* (Oder: *Ich brauche heute nicht zu arbeiten.*)

⟨4⟩ Bleibt бояд unverändert und das im Aorist stehende Hauptverb wird verneint, bedeutet die Konstruktion *man darf nicht.*

- Мусулмон бояд шароб нахӯрад. – *Ein Moslem darf keinen Wein trinken.*

---

[52] In der klassischen Literatursprache [ā], zum Beispiel: pursād! – *er möge fragen! er frage!*

[53] Der Infinitiv sowie alle anderen Formen dieses Verbs sind heute nicht mehr gebräuchlich.

(5) Das Präteritum von бояд lautet мебоист. Das entsprechende Vollverb steht dabei in der Form des durativen Präteritums (vgl. S. 36, § 26).

- Вай мебоист ба бозор мерафт. – *Er musste auf den Basar gehen.*
- Дӯстҳоятон мебоист имрӯз меомаданд. – *Eure Freunde sollten heute kommen.*

§ 39 Modalwörter

(1) In Verbindung mit den Modalwörtern шояд (*es kann sein, vielleicht, wahrscheinlich*), мумкин (аст) (*es kann sein, vielleicht*), даркор (*wahrscheinlich, eventuell*), эҳтимол (*wahrscheinlich, vielleicht*) muss das Verb im Aorist stehen.

(2) Шояд[54)] (*es kann sein, vielleicht, wahrscheinlich*) wird gewöhnlich als Einleitung eines Satzes verwendet.

- Шояд онҳоро дар бозор бинем. – *Vielleicht sehen wir sie auf dem Basar.*
- Шояд вай касал бошад. – *Wahrscheinlich ist er krank.*

(3) Das Modalwort даркор (*wahrscheinlich, eventuell*) steht meistens am Satzende.

- Онҳо дар роҳ бошанд даркор. – *Sie sind wahrscheinlich unterwegs.*

(4) Die Konstruktion мумкин (аст/буд) (*es kann/konnte sein, vielleicht*) wird als ein Hauptsatz mit der Bedeutung *es ist/war möglich* aufgefasst, an den sich ein Nebensatz anschließt, der entweder mit oder ohne ки eingeleitet wird. In unpersönlichen Sätzen steht das Vollverb im Infinitiv und wird der Konstruktion mit мумкин vorangestellt.

- Мумкин аст (ки) имрӯз борон борад. – *Es kann sein, dass es heute regnet.*
- Барваҳт ба он ҷо расидан мумкин набуд. – *Man konnte nicht rechtzeitig dort ankommen.* (wörtlich: *Es war unmöglich, rechtzeitig dort anzukommen.*)

(5) Эҳтимол (*wahrscheinlich, vielleicht*) wird entweder als einzelnes Wort in einen Satz eingefügt oder in der Konstruktion эҳтимол дорад als Hauptsatz mit der Bedeutung *es ist wahrscheinlich, es kann sein* aufgefaßt, an den sich ein Nebensatz mit oder ohne ки anschließt.

- Эҳтимол раъду барқ шавад. – *Wahrscheinlich wird es Gewitter geben.*
- Эҳтимол дорад ки дар айни вақташ ба Москва расам. – *Wahrscheinlich werde ich genau rechtzeitig in Moskau ankommen.*

§ 40 Das Verb хостан

(1) Das Verb хостан [хоҳ] (*möchten, wollen, bitten; einladen*) wird als Hilfsverb benutzt, um eine Handlung als Wunsch zu modifizieren. Das jeweilige Hauptverb kann dabei

54) Шояд ist streng gesehen die 3. Person Singular des Verbs шоистан (*sich gehören, sich ziemen*), dessen Infinitiv und andere Formen wie bei боистан (vgl. S. 51, Anmerkung 53) heute nicht mehr gebräuchlich sind.

a) im Aorist stehen, wobei dem Hilfsverb хостан gelegentlich die Konjunktion ки folgen kann.

- Ман мехоҳам ба хона равам. – *Ich möchte nach Hause gehen.*
- Бачаҳо мехоҳанд бозӣ кунанд. – *Die Kinder möchten spielen.*
- Ман мехоҳам, ки бачаҳоям хушбахт бошанд. – *Ich möchte, dass meine Kinder glücklich sind.*
- Боз мехоҳӣ, ки ман ба ту бовар кунам. – *Du möchtest auch noch, dass ich dir glaube.*

b) als Infinitiv dem Hilfsverb хостан vorangestellt werden.

- Вай имрӯз ба шаҳр рафтан мехоҳад. – *Er möchte heute in die Stadt fahren.*
- Ман ӯро дидан мехоҳам. – *Ich möchte ihn sehen.*

(2) Bei Negation wird das akzentuierte Präfix на́- an das Hilfsverb хостан angefügt. Die Zeitform wird ebenfalls am Hilfsverb хостан markiert, wogegen das jeweilige Hauptverb im Aorist oder Infinitiv bleibt.

- Вай имрӯз ба шаҳр рафтан намехоҳад. – *Er möchte heute nicht in die Stadt fahren.*
- Бачаҳо бозӣ кардан намехоҳанд. – *Die Kinder möchten nicht spielen.*
- Ман ӯро дидан нахостам. – *Ich wollte ihn nicht sehen.*
- Ман нахостам ба хона равам. – *Ich wollte nicht nach Hause gehen.*

(3) Wird хостан als Vollverb gebraucht, bedeutet es *fordern, bitten, einladen, rufen.*

- Моро ба меҳмонӣ хостанд. – *Wir sind eingeladen.* (wörtlich: *Man hat uns zu Gast gebeten.)*
- Вай иҷозат хост. – *Er bat um Erlaubnis.*

(4) Auch andere Modalverben mit den Bedeutungen *möchten, bitten, wollen* verlangen, dass das entsprechende Hauptverb im Aorist steht.

- Хоҳиш мекунам, (ки) ташвиш накашед. – *Ich bitte sie, sich nicht zu beunruhigen.*
- Аҳмад иҷозат пурсид, (ки) хона равад. – *Ahmad bat um Erlaubnis, nach Hause zu gehen.*

§ 41 Attributsätze

(1) Attributsätze werden durch die Konjunktion ки eingeleitet und unmittelbar hinter dem zu bestimmenden Wort eingefügt. Das zu bestimmende Wort muss dabei durch die nichtakzentuierte Partikel -е markiert werden. Diese Partikel[55] weist darauf hin, dass der folgende Nebensatz als Attribut zu dem vorhergehenden Wort zu verstehen ist. Vor ки wird ein Komma eingefügt.

---

[55] Diese Partikel heißt ёи ишора – *hinweisendes e.* Ihrer Form nach entspricht sie dem ёи ваҳдат (vgl. S. 28, § 20(1)a)).

- Духтаре, ки аз он хона баромад, ҳамсояи ман аст. – *Das Mädchen, das aus jenem Haus kam, ist meine Nachbarin.*
- Харбузае, ки дар полизи шумо меруяд, бомазза аст. – *Die Zuckermelonen, die auf eurem Feld wachsen, schmecken sehr gut.*

(2) Das Tadschikische hat keine speziellen Relativpronomina. Soll das Bezugswort im Attributsatz als direktes oder indirektes Objekt beschrieben werden, können die Personalpronomina der 3. Person ӯ, вай, онҳо oder das Demonstrativpronomen он die Relativpronomina ersetzen. Die Personal- und Demonstrativpronomina können dabei mit Präpositionen oder mit der Postposition -ро verbunden werden. Soll das Bezugswort im Attributsatz als Korrelat eines Possessivverhältnisses beschrieben werden, können ebenfalls die Personal- und Demonstrativpronomina oder die enklitischen Pronomina der 3. Person -аш, -ашон verwendet werden.

- Марде ки писараш ба шаҳр рафт, имрӯз меҳмони мо аст. – *Der Mann, dessen Sohn gestern in die Stadt fuhr, ist heute unser Gast.*
- Хонаеро ки боми он сӯхт, таъмир мекунанд. – *Das Haus, dessen Dach abgebrannt ist, wird repariert.* (wörtlich: *Das Haus, ..., repariert man.*[56)])
- Китобе ки ту онро хондӣ, ин ҷо нест. – *Das Buch, das du gelesen hast, ist nicht hier.*
- Касе, ки забони модариашро дӯст медорад, онро вайрон намекунад. – *Wer seine Muttersprache liebt, macht sie nicht kaputt.*

§ 42 Konzessivsätze

(1) In Konzessivsätzen steht das Verb meistens im Aorist. Konzessivsätze werden durch die Konjunktionen агар (*wenn auch, obwohl*), агарчи (*wenn auch, obwohl, obgleich*), ҳар чанд (*wenn auch, obwohl, obgleich; so sehr ... auch*), бо (вуҷуди) ин/он ки (*obwohl, obgleich*) eingeleitet und stehen, sofern vorhanden, nach dem Subjekt des Hauptsatzes. Am Ende eines Konzessivsatzes kann die Konjunktion ҳам (*auch*) eingefügt werden, um den einschränkenden Charakter der Aussage zu verstärken.

- Вай агарчи бемор бошад ҳам, ҳар рӯз ба мактаб меояд. – *Obwohl er krank ist, kommt er jeden Tag zur Schule.*
- Онҳо ҳар чанд бой бошанд ҳам, ба нодорон ёрӣ намерасонанд. – *Obwohl sie reich sind, helfen sie den Armen nicht.*
- Ҷавон, бо ин ки забони тоҷикиро намедонад, сухани маро фаҳмид. – *Obwohl der junge Mann kein Tadschikisch kann, verstand er, was ich sagte.*

(2) Die Konjunktion агар чанде (ки) (*obwohl, so sehr ... auch*) steht am Anfang eines Konzessivsatzes.

---

56) Vgl. S. 65, § 51(2).

- Агар чанде роҳи ин қишлоқ дур бошад ҳам, мо бо мошин зуд мерасем. – *Obwohl es bis zu diesem Dorf weit ist, kommen wir mit dem Auto schnell an.*

(3) Sehr charakteristisch für das Tadschikische ist jedoch die Möglichkeit, Konzessivsätze auch ohne die genannte Konjunktion zu bilden. Dann wird nur der Aorist gebraucht, dem die Konjunktion ҳам (*auch*) nachgestellt wird.

- Вай бемор бошад ҳам ҳар рӯз ба мактаб меояд. – *Obwohl er krank ist, kommt er jeden Tag zur Schule.*
- Онҳо бой бошанд ҳам ба нодорон ёрӣ намерасонанд. – *Obwohl sie reich sind, helfen sie den Armen nicht.*
- Ҷавон забони тоҷикиро надонад ҳам гапи маро фаҳмид. – *Obwohl der junge Mann kein Tadschikisch kann, verstand er, was ich sagte.*
- Роҳи ин қишлоқ дур бошад ҳам, мо бо мошина зуд мерасем. – *Obwohl es bis zu diesem Dorf weit ist, kommen wir mit dem Auto schnell an.*

§ 43 Finalsätze

(1) Finalsätze werden mit den Konjunktionen то (*um zu, damit*), то ки (*so dass, um zu, damit*) oder ки (*so dass, um zu, damit*) eingeleitet und verlangen den Aorist.

- Ман омадам то аҳволи туро пурсам. – *Ich bin gekommen, um zu fragen, wie es dir geht.*
- Талабаҳо дафтарчаяшонро кушоданд, то ки ин машқро нависанд. – *Die Schüler öffneten ihre Hefte, um diese Übung zu schreiben.*
- Боз мегӯям, ки фаромӯш накунед. – *Ich sage es noch einmal, damit ihr es nicht vergesst.*

(2) Finalsätze können – besonders in der Umgangssprache – auch durch eine Infinitivkonstruktion mit der Präposition барои (*für*) ausgedrückt werden.

- Барфиро барои овардани духтур фиристодам. – *Ich habe Barfi losgeschickt, damit sie den Arzt holt.* (wörtlich: *Ich habe Barfi zum Holen des Arztes losgeschickt.*)
- Ӯ барои намак харидан ба дӯкон рафт. – *Er ist in den Laden gegangen, um Salz zu kaufen.* (wörtlich: *Er ist zum Kaufen von Salz in den Laden gegangen.*)

§ 44 Kausalsätze

(1) Die Frage nach der Ursache wird mit den Fragepronomina чаро[57] (*warum, weshalb*), аз чӣ сабаб, ба сабаби чӣ (alle: *aus welchem Grund*) eingeleitet, die gewöhnlich nach dem Subjekt eines Fragesatzes stehen.

- Вай чаро ба он ҷо нарафт? – *Warum ist er nicht dorthin gegangen?*

---

[57] Man beachte, dass ча́ро den Akzent auf der ersten Silbe trägt.

- Чаро дер мондӣ? – *Warum bist du zu spät gekommen?*
- Муллоҷон аз чӣ сабаб ба мактуби ман ҷавоб нагардонд? – *Warum hat Mullodschon nicht auf meinen Brief geantwortet?*

(2) Kausalsätze werden durch die Konjunktionen ки, чун, чунки, зеро (ки), бинобар ин/он ки, азбаски (alle: *weil*; *da*), аз он сабаб ки (*aus dem Grunde, dass*), модоме ки (*da*; *weil*; *angesichts dessen, dass*) eingeleitet und stehen gewöhnlich nach dem Hauptsatz.

- Китобатонро ба ӯ надодам, зеро ки ӯро надидам. – *Ich habe ihm euer Buch nicht gegeben, weil ich ihn nicht gesehen habe.*
- Вай ба он ҷо нарафт, чунки касал аст. – *Er ist nicht dorthin gefahren, weil er krank ist.*

(3) Kausalsätze können dem Hauptsatz auch vorangehen. Werden sie mit der Konjunktion ки eingeleitet, dann muss ки in diesem Fall nach dem ersten Satzglied stehen (vgl. S. 47, § 35(3)).

- Вай ки омад, ин ҷо дарояд! – *Wenn er schon da ist, möge er hier reinkommen.*
- Модоме ки вай омад, ман мемонам. – *Da er gekommen ist, bleibe ich.*
- Азбаски шумо телеграмма надодед, мо аз омаданатон хабар надоштем. – *Weil ihr kein Telegramm geschickt habt, wussten wir nicht, dass ihr kommt.*

§ 45 Abgeleitete Präpositionen

(1) Neben den „echten" Präpositionen (vgl. S. 25, § 19(1)) gibt es „unechte" oder abgeleitete Präpositionen. Hierbei handelt es sich formal gesehen um Nomina, die durch eine spezielle Einbindung mittels изофа oder mittels einer anderen Präposition die Funktion einer Präposition wahrnehmen können. Wird zum Beispiel das Wort пеш – *Vorderseite* mittels изофа vor ein Substantiv gesetzt, bedeutet es in räumlicher Hinsicht *vor*, *an*, *bei*.

- пеши хона – *vor dem Haus* (ODER ABER: *die Vorderseite des Hauses*)

(2) Einige abgeleitete Präpositionen können mit „echten" Präpositionen kombiniert werden, die ihnen dann vorangestellt werden: mit der Präposition аз (auf die Frage: *woher?* bzw. bei Verben, die diese Präposition verlangen), mit der Präposition ба (auf die Frage: *wohin?*), mit der Präposition дар (auf die Frage: *wo?*) und gelegentlich mit der Präposition бар (auf die Frage: *worauf?*).

- касе ба пеши ӯ омад – *jemand kam zu ihm*
- ман аз пеши ин бино гузаштам – *ich ging vor diesem Gebäude vorbei*
- дар пеши хона боғ ҳаст – *vor dem Haus gibt es einen Garten*

(3) Die häufigsten abgeleiteten Präpositionen, die mit изофа gebildet werden, sind:

a) пеши – *vor, an, bei* (> пеш – *Vorderseite*)

b) пушти – *hinter* (> пушт – *Rücken*)

- пушти девор – *hinter der Mauer*
- аз пушти девор омадан – *hinter der Mauer hervorkommen*

- ба пушти девор рафтан – *hinter die Mauer gehen*
- дар пушти ин кӯҳ сарчашма ҳаст – *hinter diesem Berg gibt es eine Quelle*

c) болои – *über* (in räumlicher und übertragener Bedeutung, > боло – *Oberseite*)

- болои дарахт – *über dem Baum*
- чизеро ба болои тӯппӣ пӯшидан – *etwas über die Kappe ziehen*
- аз болои дарахт афтодан – *vom Baum herabfallen*
- чизеро ба болои миз овехтан – *etwas über den Tisch hängen*
- дар болои ягон масъала гап задан – *über eine Frage sprechen*

d) рӯи – *auf* (> рӯ – *Gesicht*)

- рӯи миз будан – *auf dem Tisch sein*
- ба рӯи миз ниҳодан – *auf den Tisch legen*
- аз рӯи миз гирифтан – *vom Tisch nehmen*

e) зери – *unter* (> зер– *Unterseite*) bzw. таги – *unter* (> таг – *Unterseite*)

- зери миз – *unter dem Tisch*
- дар зери миз будан – *unter dem Tisch sein*
- ба зери миз ниҳодан – *unter den Tisch legen*
- аз зери миз гирифтан – *unter dem Tisch hervorholen*
- таги тиреза – *unter dem Fenster*
- ба таги дарахт нишастан – *sich unter einen Baum setzen*
- дар таги замин – *unter der Erde*
- аз таги дарахт баромадан – *unter dem Baum hervorkommen*

f) сари – *neben, bei, zu* (> сар – *Kopf*; *Anfang*)

- сари роҳ истодан – *am Weg stehen*
- аз сари миз хестан – *vom Tisch aufstehen*
- ба сари полиз рафтан – *auf das Beet gehen*
- дар сари кӯча – *auf der Straße*

g) байни – *zwischen* (> байн – *Zwischenraum, Abstand*)

- байни ин ду нафар – *zwischen diesen beiden Personen*
- дар байни боғи калоне – *inmitten eines großen Gartens*
- аз байни теппа ва кӯҳҳо гузаштан – *zwischen Hügeln und Bergen vorbeigehen*

h) миёни – *zwischen, inmitten* (> миён – *Taille, Zentrum*)

- дар миёни мардум – *unter den Menschen*
- аз миёни себҳо як себро интихоб кардан – *unter den Äpfeln einen Apfel aussuchen*
- ба миёни хона ниҳодан – *mitten ins Zimmer stellen*

i) паҳлуи – *neben, bei, vorbei* (> паҳлу – *Seite*)

- аз паҳлуи касе нишастан – *sich neben jemanden setzen*
- дар паҳлуи дарахт – *seitlich vom Baum, neben dem Baum*
- аз паҳлуи хона гузаштан – *am Haus vorbeigehen*

j) даруни – *in, im Innern von* (> дарун – *Inneres, Innenteil*)

- даруни шаҳр – *in der Stadt, im Stadtinnern*
- ба даруни ҷангал рафтан – *in den Wald gehen*
- аз даруни хона баромадан – *aus dem Haus herauskommen*

k) беруни – *außerhalb von* (> берун – *Äußeres, äußerer Teil*)

- дар беруни хона – *außerhalb des Hauses*
- аз беруни шаҳр омадан – *von außerhalb der Stadt kommen*

l) тарафи – *zu, in Richtung* (> тараф – *Seite*)

- тарафи дарё – *zum Fluss*
- аз тарафи дарё – *vom Fluss* (in der Bedeutung: *aus der Richtung, wo der Fluss ist*)

m) назди und наздики – *zu, nahe, bei* (> наздик – *nah*)

- назди муаллим омадан – *zum Lehrer kommen*, наздики шаҳр – *bei der Stadt, nahe der Stadt*

n) мисли – *wie, gleich* (> мисл – *Ähnlichkeit*) bzw. (ба) монанди – *wie, gleich, ähnlich* (> монанд – *ähnlich, gleich, analog*)

- мисли паланг – *wie ein Tiger*
- (ба) монанди офтоб – *wie die Sonne*

o) ба ҷои – *statt, anstatt, anstelle von* (> ҷой – *Ort*)

- ба ҷои пул – *statt Geld*
- ба ҷои ман – *anstelle von mir*

p) ақиби – *hinter* (> ақиб – *Hinterseite*) bzw. паси – *hinter* (> пас – *Hinterseite*)[58)]

- дар ақиби автомобил истодан – *hinter dem Auto stehenbleiben*
- аз паси муаллима рафтан – *hinter der Lehrerin gehen*

(4) Abgeleitete Präpositionen, die durch Kombination eines Nomens mit einer nachfolgenden „echten" Präposition gebildet werden, sind zum Beispiel:

a) баъд аз – *nach*[59)] und пас аз – *nach* (in zeitlicher Hinsicht, > баъд – *dann, weiterhin*, > пас – *Hinterteil*)

- пас аз ин ҳодисаҳо – *nach diesen Ereignissen*
- баъд аз нон хӯрдан – *nach dem Essen*
- Баъд аз он ки нон хӯрдем, ... – *Nachdem wir gegessen haben, ...*

b) пеш аз – *vor* (in zeitlicher Hinsicht, > пеш – siehe oben)

- пеш аз нисфи шаб – *vor Mitternacht*
- пеш аз омаданашон – *Bevor er kam, ...* (Wörtlich: **Vor seinem Kommen*)
- Пеш аз он ки ин кас омаданд, ... – *Bevor er kam, ...*

c) (ба) ғайр аз – *außer* (> ғайр – *anderer, fremder*)

---

58) In der Umgangssprache verwendet man hierfür auch die Präposition қафои – *hinter* (қафо – *Hinterseite*).

59) Баъд kann auch mit изофа verwendet werden: ▸ баъди нон хӯрдан – *nach dem Essen*; ▸ баъди таҳсил – *nach dem Studium*.

- ғайр аз ман – *außer mir*
- ба ғайр аз Тоҷикистон – *außer Tadschikistan*

d) нисбат ба – *bezüglich, als* (bei Vergleichen) (> нисбат – *Beziehung, Verbindung*)

- нисбат ба ин масъала – *bezüglich dieser Frage*
- нисбат ба шумо хубтар – *besser als Sie*

Die Bedeutung vieler anderer abgeleiteter Präpositionen lässt sich aus der Bedeutung des Nomens erschließen, das bei der Bildung der Präposition verwendet wurde.

§ 46 Zum Satzbau (2)

(1) Im Tadschikischen steht das Subjekt gewöhnlich am Anfang eines Hauptsatzes und das finite Verb am Satzende. Für die anderen Satzglieder gibt es keine strenge Reihenfolge, doch sind bestimmte Präferenzen zu beobachten.

(2) Eine Umstandsbestimmung der Zeit steht gewöhnlich vor einer Umstandsbestimmung des Ortes, wobei beide zum Satzanfang hin tendieren.

- Ман имрӯз дар бозор газетаи ҳаҷвии «Лаку пак»-ро харидам. – *Ich habe heute auf dem Basar die Satirezeitung „Laku Pak" gekauft.*
- Вай пагоҳӣ дар хона чой нахӯрд. – *Er hat am Morgen zu Hause keinen Tee getrunken.*

(3) Ein direktes Objekt geht einem indirekten Objekt gewöhnlich voraus. Beide stehen, wenn vorhanden, nach Umstandsbestimmungen des Ortes oder der Zeit.

- Ман газетаи ҳаҷвии «Лаку пак»-ро барои шумо харидам. – *Ich habe die Satirezeitung „Laku Pak" für euch gekauft.*
- Вай ин газетаро ба ман надод. – *Er hat mir diese Zeitung nicht gegeben.*

(4) Aus inhaltlichen Erwägungen kann eine andere Reihenfolge der Satzglieder gewählt werden, wobei das zu betonende Satzglied dann in der Nähe des Prädikats steht, also zum Satzende hin tendiert.

- Ман газетаи ҳаҷвии «Лаку пак»-ро имрӯз харидам. – *Die Satirezeitung „Laku Pak" habe ich heute gekauft.*
- Ман газетаи ҳаҷвии «Лаку пак»-ро дар бозор харидам. – *Die Satirezeitung „Laku Pak" habe ich auf dem Basar gekauft.*

§ 47 Das Partizip der Vergangenheit

(1) Das Partizip der Vergangenheit wird gebildet, indem das akzentuierte Suffix -á an den Präteritalstamm angefügt wird (= Infinitiv ohne -н).

- навиштан – *schreiben* → навишта – *geschrieben*
- хондан – *lesen* → хонда – *gelesen*
- рафтан – *gehen* → рафта – *gegangen*

(2) Das Partizip der Vergangenheit kann attributiv verwendet werden und ist dann mit dem von ihm bestimmten Wort durch изофа verbunden.

- ҳавои сард шуда – *die kalt gewordene Luft* (сард шудан – *kalt werden*)
- ҷӯйчаи хушк шуда – *der ausgetrocknete Kanal* (хушк шудан – *trocken werden, austrocknen*)
- куртаи нам кашида – *das durchnässte Hemd* (нам кашидан – *nass werden*)

(3) Die Negation wird mit Hilfe des akzentuierten Präfixes на́- gebildet, das vor das Partizip oder bei zusammengesetzen Verben vor den verbalen Bestandteil gesetzt wird. Wird ein Partizip der Vergangenheit als Adverb verwendet, lautet das Negationspräfix но-.

- ҳавои сард нашуда – *die nicht kalt gewordene Luft*
- ҷӯйчаи хушк нашуда – *der nicht ausgetrocknete Kanal*
- куртаи нам накашида – *das nicht durchnässte Hemd*

ABER:

- Ногуфта намонад, ки ... – *Es soll nicht unerwähnt bleiben, dass ...*

(4) Wird das Partizip der Vergangenheit als Attribut verwendet, kann es durch eine Präpositionalgruppe oder durch eine Adverbialbestimmung erweitert sein, die dann zwischen изофа und Partizip geschoben wird. Solche Partizipialgruppen können ganze Attributsätze (vgl. S. 53, § 41) ersetzen. Sie müssen im Deutschen mitunter als Nebensatz wiedergegeben werden.

- бачаи ҳозир аз хона баромада = бачае ки ҳозир аз хона баромад – *der Junge, der jetzt aus dem Haus kam* (wörtlich: **der aus dem Haus gekommene Junge*)
- самолёти аз Москва омада = самолёте, ки аз Москва омад – *das Flugzeug, das aus Moskau kam* (wörtlich: **das aus Moskau gekommene Flugzeug*)
- одами ба шаҳр рафта = одаме ки ба шаҳр рафт – *der Mann, der in die Stadt ging* (wörtlich: **der in die Stadt gegangene Mann*)

Zur attributiven Verwendung der Partizipien der Vergangenheit vgl. auch S. 66, § 51(5).

(5) Einige Partizipien der Vergangenheit weisen eine Tendenz zur Nominalisierung auf. Sie werden wie ein Substantiv oder wie ein Adjektiv verwendet, deren Bedeutung nur noch entfernt mit dem entsprechenden Verb verbunden sein kann.

- дида – *Auge* (> дидан [бин] – *sehen*): дида бастан – *die Augen schließen/verbinden*
- пухта – *erfahren* (> пухтан [паз] – *reifen, kochen*): одами пухта – *ein erfahrener Mensch*
- рехта – *verblichen* (> рехтан [рез] – *fließen*; *gießen, schütten*): ранги рехта – *verblichene Farbe*

Eine andere Form des Partizips der Vergangenheit wird auf S. 76 in § 60(1) beschrieben.

§ 48 Adverbialpartizipien

(1) Häufig wird das Partizip der Vergangenheit als Adverbialpartizip verwendet. In dieser Funktion kann es eine finite Verbform ersetzen und beschreibt eine Handlung, die einer anderen, durch eine finite Verbform ausgedrückten Handlung zeitlich voranging oder gleichzeitig mit ihr stattfindet. Dabei wird die verbindende Konjunktion (-у, ва) weggelassen. Solche Adverbialpartizipien können Handlungen ausdrücken, die sich sowohl auf die Vergangenheit wie auch auf die Gegenwart beziehen.

- Бачаҳо дарсҳояшонро тамом карда ба хона рафтанд. (= Бачаҳо дарсҳояшонро тамом карданд ва ба хона рафтанд.) – *Die Kinder erledigten ihre Hausaufgaben und gingen nach Hause.*
- Меҳмонон аз сари дастархон хеста бо соҳиби хона худоҳофизӣ карданд. (= Меҳмонон аз сари дастархон хестанд ва бо соҳиби хона худоҳофизӣ карданд.) – *Die Gäste erhoben sich vom Tisch und verabschiedeten sich vom Gastgeber.*
- Бӯрро гирифта ин ҷумларо ба тахта нависед! (= Бӯрро гиред ва ин ҷумларо ба тахта нависед!) – *Nehmen sie Kreide und schreiben sie diesen Satz an die Tafel!*
- Шуморо аз таҳти дил табрик гуфта ба шумо хушбахтӣ ва барори кор орзу мекунам. – *Ich gratuliere Ihnen aus ganzem Herzen und wünsche Ihnen Glück sowie Erfolg in der Arbeit.*

(2) Häufig erscheint ein Adverbialpartizip unmittelbar vor einem anderen, finiten Verb. Solche Konstruktionen werden benutzt, um eine besondere Aspektbedeutung zu vermitteln oder um die beschriebene Handlung auf eine andere Art näher zu charakterisieren. Dabei steht das Verb mit der Hauptbedeutung als Adverbialpartizip vor einem Hilfsverb in der finiten Form, das die jeweilige Aspektbedeutung hinzufügt.[60)]

- парида баромадан – *abfliegen* (wörtlich: *fliegend aufsteigen*)
- парида гузаштан – *vorbeifliegen* (wörtlich: *fliegend vorbeiziehen*)
- парида омадан – *anfliegen, landen* (wörtlich: *geflogen kommen*)
- хӯрда тамом кардан – *aufessen* (wörtlich: *essend beenden*)
- нигоҳ карда истодан – *abwarten* (wörtlich: *schauend stehen*)

Das Adverbialpartizip darf in dieser Funktion nicht vom finiten Verb (oder vom nominalen Bestandteil des finiten Verbs, wenn es sich um ein zusammengesetztes Verb handelt) getrennt werden.

---

60) Diese Konstruktionen ähneln deutschen Wendungen vom Typ *er kommt geflogen*. Ein Aspekt der Handlung (die Tatsache, dass jemand fliegt und nicht geht oder schwimmt) wird in der Form eines (Adverbial-)Partizips (*geflogen*) ausgedrückt und ein anderer Aspekt (die Tatsache, dass er sich dabei annähert und sich nicht entfernt) in der Form eines finiten Verbs (*kommt*).

- Меҳмонҳо палаватонро хӯрда тамом карданд. – *Die Gäste haben euren Palav aufgegessen.*[61]
- Шумо то омадани ман нигоҳ карда меистед? – *Werdet ihr warten, bis ich komme?* (wörtlich: *Werdet Ihr mein Kommen abwarten?*)

Ein Überblick über die häufigsten Verbverbindungen dieser Art, die auch als Converbalkonstruktionen bezeichnet werden, befindet sich im Anhang auf S. 100 in § 75.

⟨3⟩ Häufig sind Partizipien der Vergangenheit (Adverbialpartizipien) mit einem anderen Verb sogar zu einer festen lexikalischen Einheit verschmolzen.

- риш монда гаштан – *einen Bart tragen* (wörtlich: *sich einen Bart wachsen lassen habend umhergehen*)
- гашта омадан – *zurückkehren* (wörtlich: *umhergeschlendert seiend kommen*)
- газида гирифтан – *abbeißen* (wörtlich: *gebissen habend trennen*)
- шикаста афтодан – *abbrechen (itr)* (wörtlich: *abgebrochen fallen*)

§ 49 Die Steigerung der Adjektive

⟨1⟩ Im Tadschikischen gibt es drei Steigerungsformen für Adjektive: den Komparativ, den Superlativ und den Elativ.

⟨2⟩ Der Komparativ:

a) Der Komparativ wird durch Hinzufügung des Suffixes -тар gebildet.

- кӯҳна – *alt* → кӯҳнатар – *älter*
- калон – *groß* → калонтар – *größer*
- нарм – *weich* → нармтар – *weicher*

b) Eine Vergleichsgröße wird mit Hilfe der Präposition аз oder der Wendung аз ... дида eingebunden.[62]

- Ин дарахт аз он дарахт баландтар аст. ODER: Ин дарахт аз он дарахт дида баландтар аст. – *Dieser Baum ist höher als jener Baum.*
- Ӯ аз ман ҷавонтар аст. ODER: Ӯ аз ман дида ҷавонтар аст. – *Er ist jünger als ich.*

⟨3⟩ Der Superlativ:

a) Der Superlativ wird durch Anhängen des Suffixes -тарин gebildet:

- кӯҳна – *alt* → кӯҳнатарин – *ältester*
- калон – *groß* → калонтарин – *größter*
- нарм – *weich* → нармтарин – *weichester*

b) Wird ein Adjektiv, das im Superlativ steht, als Attribut verwendet, steht es vor dem Wort, auf das es sich bezieht, oder es ist mit изофа verbunden und nachgestellt.

---

[61] Палав – mittelasiatisches Reisgericht.

[62] In der Umgangssprache kann das Komparativsuffix -тар bei Nennung einer Vergleichsgröße wegfallen: ▸ Ӯ аз ман ҷавон. – *Er ist jünger als ich.*

- Баландтарин кӯҳи Тоҷикистон куллаи «Коммунизм» аст. – *Der höchste Berg Tadschikistans ist der Pik Kommunismus.*
- Кӯҳнатарин дастнависи китобхонаи мо ба асри дувоздаҳум тааллуқ дорад. – *Die älteste Handschrift unserer Bibliothek stammt aus dem zwölften Jahrhundert.*
- Шаҳри калонтарини Тоҷикистон Душанбе аст. – *Die größte Stadt Tadschikistans ist Duschanbe.*
- Машҳуртарин китоби ин нависанда дар бораи кӯдакон аст. – *Das berühmteste Buch dieses Schriftstellers handelt von Kindern.*

c) Bei Nennung einer Vergleichsgröße zu einem im Superlativ stehenden Adjektiv nimmt die Vergleichsgröße eine Pluralform an und wird mit изофа eingebunden.

- Душанбе калонтарини шаҳрҳои Тоҷикистон аст. – *Duschanbe ist die größte Stadt Tadschikistans.* (wörtlich: *Duschanbe ist die größte der Städte Tadschikistans.*)
- Куллаи «Коммунизм» баландтарини кӯҳҳои Тоҷикистон аст. – *Der Pik Kommunismus ist der höchste Berg Tadschikistans.* (wörtlich: *Der Pik Kommunismus ist der höchste der Berge Tadschikistans.*)

d) Der Superlativ kann auch mit Hilfe der Wendung аз ҳама (*von allen*) umschrieben werden, wobei das Adjektiv das Suffix -тар annehmen kann oder nicht. Diese Form wird in der gesprochenen Sprache bevorzugt.

- Вай аз ҳама калонтар аст. ODER: Вай аз ҳама калон аст. – *Er ist der älteste.* (Beides wörtlich: *Er ist älter als alle [anderen]*)
- Парвиз аз ҳама талабаҳо боинтизомтар аст. ODER: Парвиз аз ҳама талабаҳо боинтизом аст. – *Parwis ist der diszipliniertеste Schüler.* (Beides wörtlich: *Parwis ist disziplinierter als alle [anderen] Schüler.*)

(4) Der Elativ beschreibt einen hohen Grad, eine hohe Intensität einer Eigenschaft, ohne auf eine Vergleichsgröße zu verweisen.

a) Der Elativ kann gebildet werden, indem einem Adjektiv Adverbien wie хеле (*sehr*), басо (*sehr, viel, häufig*), бисёр (*viel, sehr*), ниҳоят (*äußerst*), бағоят (*äußerst*), беҳад (*maßlos*), беандоза (*maßlos*), бениҳоят (*randlos*), аз ҳад (*über die Maßen*) vorangestellt werden.

- хеле хуб – *sehr gut*
- басо бад – *sehr schlecht*
- бисёр бузург – *sehr groß*
- бағоят донишманд – *äußerst gebildet*
- ниҳоят душвор – *äußerst schwierig*
- беҳад золим – *maßlos grausam*
- беандоза талх – *maßlos bitter*
- бениҳоят зиқ – *unvorstellbar traurig*
- аз ҳад зиёд – *mehr als genug*

b) Der Elativ kann durch Dopplung eines Adjektivs gebildet werden. Gelegentlich wird ein -о- oder (selten) ein -ма- eingefügt.

- дароз-дароз – *sehr lang* (дароз – *lang*)
- калон-калон – *sehr groß* (калон – *groß*)
- гармогарм – *heiß* (гарм – *warm*)
- дуродур – *sehr weit* (дур – *weit*)
- каҷмакаҷ – *zickzackartig* (каҷ – *krumm, gegrümmt*)

c) Der Elativ kann außerdem durch eine modifizierte Dopplung gebildet werden. Dem Adjektiv wird eine Form vorangestellt, die aus den ersten beiden Phonemen des Adjektivs und -п (bei stimmlosem Anlaut) bzw. -б (bei stimmhaftem Anlaut) besteht. Diese Form ist besonders bei Adjektiven gebräuchlich, die eine Farbe bezeichnen.[63)]

- суп-сурх – *tiefrot*
- сап-сафед – *strahlend weiß*
- заб-зард – *tiefgelb*
- кап-кабуд – *tiefblau*

(5) Das Adjektiv хуб (*gut*) kennt die besonderen Steigerungsformen беҳтар (*besser*) und беҳтарин (*bester*).[64)]

§ 50 Das Verb тавонистан

(1) Das Verb тавонистан [тавон][65)] (*können*) wird als Hilfsverb benutzt, um den Inhalt eines anderen Verbs als Möglichkeit oder Fähigkeit zu modifizieren. Das jeweilige Hauptverb kann dabei

a) im Aorist stehen.

- Деҳқонон имсол метавонанд ҳосили тарбузро беталаф ҷамъоварӣ кунанд. – *Die Bauern können die Melonenernte in diesem Jahr ohne Verlust einbringen.*
- Ман метавонам ба ту пул диҳам. – *Ich kann dir Geld geben.*
- Оё шумо метавонед соати ҳашт биёед? – *Könnt ihr um acht Uhr kommen?*

b) als Partizip der Vergangenheit (Adverbialpartizip) unmittelbar vor dem finiten Hilfsverb stehen.

---

63) Diese Form kann (allerdings kaum in der gehobenen Schriftsprache) auch bei anderen Adjektiven verwendet werden, wobei die dem Adjektiv vorangehende Form statt auf -п oder -б auf -па endet: ▸ каппа-калон – *sehr groß* ▸ дуппа-дуруст – *vollkommen richtig* ▸ оппа-осон – *kinderleicht.*

64) In der Umgangssprache sind auch die Formen хубтар (*besser*) und хубтарин (*bester*) anzutreffen.

65) In der gesprochenen Sprache kann der Präsensstamm dieses Verbs auch in der Form [тон] erscheinen, die jedoch nicht als normgerecht gilt. Die Präsensformen lauten entsprechend: ▸ ман метонам, ▸ ту метонӣ usw.

- Деҳқонон имсол ҳосили тарбузро беталаф ҷамъоварӣ карда метавонанд. – *Die Bauern können die Melonenernte in diesem Jahr ohne Verlust einbringen.*
- Ман ба ту пул дода метавонам. – *Ich kann dir Geld geben.*
- Оё шумо соати ҳашт омада метавонед? – *Könnt ihr um acht Uhr kommen?*

(2) Bei Negation wird das akzentuierte Präfix нá- an das Hilfsverb тавонистан angefügt.

- Ман наметавонам ба ту пул диҳам. – *Ich kann dir kein Geld geben.*
- Оё шумо соати ҳашт омада наметавонед? – *Könnt ihr nicht um acht Uhr kommen?*
- Ҳар кас мусиқачӣ шуда наметавонад. – *Nicht jeder kann Musiker werden.* (wörtlich: *Jeder kann nicht Musiker werden.*)

(3) Die Zeitform wird ebenfalls am Hilfsverb тавонистан markiert, wobei das jeweilige Hauptverb in der Form des Aorist oder des Partizips der Vergangenheit (Adverbialpartizip) bleibt.

- Деҳқонон имсол тавонистанд ҳосили тарбузро беталаф ҷамъоварӣ кунанд. – *Die Bauern konnten die Melonenernte in diesem Jahr ohne Verlust einbringen.*
- Ман ба ту пул дода тавонистам. – *Ich konnte dir Geld geben.*
- Оё шумо соати ҳашт омада натавонистед? – *Konntet ihr nicht um acht Uhr kommen?*
- Ҳар кас мусиқачӣ шуда метавонист. – *Jeder konnte Musiker werden.*

§ 51 Das Passiv

(1) Das Passiv wird mit Hilfe des Verbs шудан [шав] (*werden*) gebildet, wobei das jeweilige Hauptverb in der Form des Partizips der Vergangenheit steht. Die Zeitform wird am Hilfsverb шудан markiert, das außerdem in Person und Zahl mit dem Subjekt kongruiert.

- Дар деҳа мактаб кушода шуд. – *Im Dorf wurde eine Schule eröffnet.*
- Хона дар вақташ сохта мешавад. – *Der Haus wird rechtzeitig gebaut.*
- Ин баста ба хона оварда дода шавад? – *Soll das Päckchen zu Hause abgeliefert werden?*

(2) Der Agens, das heißt: das logische Subjekt der Handlung, wird durch eine spezielle Präpositionalphrase mit аз тарафи (*seitens*, *durch*, *von*) wiedergegeben. Solche Konstruktionen werden gewöhnlich nur in der geschriebenen Sprache verwendet. In der gesprochenen Sprache wird dagegen eine aktive Konstruktion bevorzugt.

- Пахта аз тарафи талабаҳою студентҳо чида мешавад. – *Die Baumwolle wird von Schülern und Studenten gepflückt.*

- Хона аз тарафи коргарон сохта мешавад. – *Das Haus wird von Arbeitern errichtet.*[66]

(3) Bei Negation wird das akzentuierte Präfix на́- an das Hilfsverb шудан angefügt.

- Хона дар ин ҷо сохта намешавад. – *Das Haus wird nicht hier errichtet.*
- План дар мӯҳлаташ иҷро намешавад. – *Der Plan wird nicht fristgemäß erfüllt.*
- Баста ба хона оварда дода нашавад. – *Das Päckchen soll nicht nach Hause zugestellt werden.*

(4) Der sogenannte Zustandspassiv ist im Tadschikischen sehr selten.

- Дарвоза баста аст. – *Die Tür ist geschlossen.*

(5) Werden transitive Verben in der Form des Partizips der Vergangenheit als Attribut verwendet (vgl. S. 60, § 47(2)), ist das Partizip Passiv zu bevorzugen.

- хонаи сохта шуда – *das errichtete Haus*
- мактуби аз тарафи муаллим навишта шуда – *der vom Lehrer geschriebene Brief*
- мақолаи нашр карда шуда – *der veröffentlichte Artikel*

(6) Der tadschikische Passiv wird nicht immer verwendet, wenn im Deutschen ein Passiv steht. Deutsche Passivkonstruktionen, in denen kein Agens genannt wird, sollten auf Tadschikisch als unpersönliche Sätze (vgl. 18, § 14(3)) mit einem aktiven Verb wiedergegeben werden.

- *Jetzt wird Palav zubereitet.* – Ҳозир палав мепазанд.
- *Die Blumen werden gegossen.* – Ба гулҳо об медиҳанд.

§ 52 Das Perfekt

(1) Das Perfekt besteht aus dem Partizip der Vergangenheit (vgl. S. 59, § 47) und der Kopula.

- ман хондаам – *ich habe gelesen*
- ту хондаӣ – *du hast gelesen*
- ӯ хондааст – *er hat gelesen*
- мо хондаем – *wir haben gelesen*
- шумо хондаед – *ihr habt gelesen*
- онҳо хондаанд – *sie haben gelesen*

(2) Bei der Negation wird das akzentuierte Präfix на́- an das Partizip der Vergangenheit des Hauptverbs angefügt und die Kopula anhängt.

- ман нахондаам – *ich habe nicht gelesen*

---

[66] Umgangssprachlich würde man statt dessen folgende Konstruktionen bevorzugen: ▸ Пахтаро талабаҳою студентҳо мечинанд. – *Schüler und Studenten pflücken die Baumwolle.* ▸ Хонаро коргарон месозанд. – *Das Haus bauen Arbeiter.*

- ту нахондай – *du hast nicht gelesen*
- ӯ нахондааст – *er hat nicht gelesen*
- мо нахондаем – *wir haben nicht gelesen*
- шумо нахондаед – *ihr habt nicht gelesen*
- онҳо нахондаанд – *sie haben nicht gelesen*

(3) Im Perfekt Passiv nimmt das Hilfsverb шудан die Perfektform an.

- хонда шудааст – *ist gelesen worden*
- хонда шудаанд – *sind gelesen worden*

(4) Der Aorist Perfekt wird gebildet, indem man neben dem Partizip der Vergangenheit des Hauptverbs statt der Kopula den Aorist von будан (бош-) verwendet.

- ман хонда бошам – *ich hätte (habe) gelesen (würde gelesen haben)*
- ту хонда бошӣ – *du hättest (hast) gelesen (würdest gelesen haben)*
- онҳо хонда бошанд – *sie hätten (haben) gelesen (würden gelesen haben)*

(5) In zeitlicher Hinsicht beschreibt das Perfekt eine Handlung, die nicht nur in der Vergangenheit stattfand, sondern zum Betrachtungszeitpunkt abgeschlossen ist. Das Perfekt weist also auf das Ergebnis einer vergangenen Handlung hin.

- Акнун ӯ метавонад дониши пухтаеро, ки дар донишгоҳ гирифтааст, дар амал татбиқ кунад. – *Jetzt kann er sein solides Wissen, das er an der Universität erhalten hat, in der Praxis anwenden.*
- Онҳо имрӯз ба хонаи наве ки дар се моҳи охир сохтаанд, мекӯчанд. – *Sie ziehen heute in das neue Haus, das sie in den letzten drei Monaten errichtet haben.*
- Ман дирӯз ба рафиқам хат навиштаам. – *Ich habe gestern einen Brief an meinen Freund geschrieben.*

(6) Das Perfekt wird auch verwendet, um auszudrücken, dass eine Handlung noch nie oder niemals stattgefunden hat. Das Perfekt muss daher nach den Adverbien ҳеҷ вақт oder ҳеҷ гоҳ (vgl. S. 38, § 27(3)c)) stehen, wenn sie sich auf die Vergangenheit beziehen.

- Ин касро ҳеҷ вақт надидаам. – *Ich habe diese Person nie gesehen.*
- Писарҳоям он ҷо ҳеҷ гоҳ нарафтаанд. – *Meine Söhne sind noch nie dorthin gegangen.*

(7) Über die hier beschriebene temporale Bedeutung hinaus können die Formen des Perfekt zur Bildung des Narrativ/Auditiv (vgl. S. 80, § 62(4)) verwendet werden.

(8) Bei den Zustandsverben истодан [ист] (*stehen*, *anhalten*), нишастан [нишин] / шиштан [шин] (*sitzen*), хобидан [хоб] (*liegen*, *schlafen*) beschreibt die Form des Perfekt eine Handlung, die gegenwärtig stattfindet.

- Ман дар ин ҷо истодаам. – *Ich stehe hier.*
- Дар боғ як духтари зебо нишаста аст. – *Im Garten sitzt ein schönes Mädchen.*
- Ӯ дар беморхона хобидааст. – *Er liegt im Krankenhaus.*

§ 53 Das Plusquamperfekt

(1) Das Plusquamperfekt besteht aus dem Partizip der Vergangenheit (vgl. S. 59, § 47) und dem Verb будан in der Form des einfachen Präteritums.

- ман хонда будам – *ich hatte gelesen*
- ту хонда будӣ – *du hattest gelesen*
- ӯ хонда буд – *er hatte gelesen*
- мо хонда будем – *wir hatten gelesen*
- шумо хонда будед – *ihr hattet gelesen*
- онҳо хонда буданд – *sie hatten gelesen*

(2) Bei der Negation wird das akzentuierte Präfix на́- an das Partizip der Vergangenheit des Hauptverbs angefügt.

- ман нахонда будам – *ich hatte nicht gelesen*
- ту нахонда будӣ – *du hattest nicht gelesen*
- ӯ нахонда буд – *er hatte nicht gelesen*
- мо нахонда будем – *wir hatten nicht gelesen*
- шумо нахонда будед – *ihr hattet nicht gelesen*
- онҳо нахонда буданд – *sie hatten nicht gelesen*

(3) Im Plusquamperfekt Passiv nimmt das Hilfsverb шудан die Plusquamperfektform an.

- хонда шуда буд – *war gelesen worden*
- хонда шуда буданд – *waren gelesen worden*

(4) In zeitlicher Hinsicht beschreibt das Plusquamperfekt eine Handlung, die nicht nur in der Vergangenheit stattfand, sondern zum Betrachtungszeitpunkt, der ebenfalls in der Vergangenheit liegt, abgeschlossen war. Das Plusquamperfekt weist also auf das Ergebnis einer in der Vergangenheit abgeschlossenen Handlung hin.

- Ин китобро ман порсол харида будам. – *Dieses Buch hatte ich im vergangenen Jahr gekauft.*
- Вай се сол пеш ба Тоҷикистон омада буд. – *Er war vor drei Jahren nach Tadschikistan gekommen.*
- Марде ки ин воқеаи аҷибро нақл карда буд, аз ҷояш хеста берун баромад. – *Der Mann, der diese interessante Geschichte erzählt hatte, stand auf und ging nach draußen.*

§ 54 Konditionalsätze

(1) In Konditionalsätzen mit einer realen Bedingung, die sich auf die Gegenwart oder die Zukunft bezieht, steht das Verb im Aorist. Konditionalsätze stehen immer am Anfang eines Satzgefüges und werden durch die Konjunktionen агар (*wenn*; *falls*), ва агар (*falls*; *[und] wenn*), ҳар гоҳ (*falls*; *in dem Fall, dass*; *sobald*) eingeleitet.

- Агар модар дар хона бошад, ба ӯ салом гӯед. – *Wenn die Mutter zu Hause sein sollte, grüßt sie.*
- Ҳар гоҳ борон борад хона биёед. – *Sobald es regnet, kommt heim.*
- Ва агар барф бошад эҳтиёт кунед. – *Und wenn es schneit, seid vorsichtig.*
- Агар вақт дошта бошад, меояд. – *Sollte er Zeit haben, kommt er.*

(2) In Konditionalsätzen mit einer realen Bedingung, die sich auf eine vergangene oder abgeschlossene Handlung bezieht, steht das Verb im Aorist des Perfekt.

- Агар дарсаш тамом шуда бошад, ҳозир меояд. – *Wenn sein Unterricht zu Ende gegangen ist, kommt er gleich.*
- Агар омада бошад, чаро телефон намекунад? – *Wenn er gekommen ist, warum ruft er nicht an?*

(3) Bei einer irrealen Bedingung steht das Verb sowohl im Haupt- wie auch im Nebensatz in der Form des durativen Präteritums (Irrealis).

- Агар ба гардан шарф мебастӣ, грипп намешудӣ. – *Hättest du einen Schal um den Hals gebunden, hättest du keine Grippe bekommen.*
- Агар аз ҳолаташ хабардор мебудам, дору меовардам. – *Hätte ich von seinem Zustand Bescheid gewusst, hätte ich Medizin gebracht.*
- Агар ба бозор мерафтем, ӯро намедидем. – *Wären wir auf den Basar gegangen, hätten wir ihn nicht gesehen.*

§ 55 Partizipien des Präsens

(1) Das Partizip des Präsens wird mit Hilfe des Suffixes -анда gebildet, das an den Präsensstamm eines Verbs angefügt wird.

- диҳанда – *gebend* (> додан [деҳ] – *geben*)
- оянда – *kommend* (> омадан [о] – *kommen*)
- гӯянда – *sagend* (> гуфтан [гӯ] – *sagen*)
- кунанда (> кардан [кун]) – *machend*)

a) Partizipien des Präsens auf -анда können wie ein Adjektiv mit изофа an ein Nomen angefügt werden.

- соли оянда – *kommendes Jahr*

b) Die meisten Partizipien des Präsens zeigen eine Tendenz zur Nominalisierung und werden als selbständige Substantive verwendet.

- нависанда – *Schriftsteller* (eigentlich: *schreibend*)
- хонанда – *Leser* (eigentlich: *lesend*)
- намоянда – *Vertreter* (eigentlich: *erscheinend*)
- гӯянда – *Erzähler* (eigentlich: *sagend*)
- раванда – *Passant* (eigentlich: *gehend*)

c) Vom Partizip des Präsens können bei substantivischem Gebrauch auch Pluralformen gebildet werden. Vor das Formans -он muß dabei ein г gesetzt werden (vgl. S. 31, § 23(4)a)).[67]

- навиcанда → навиcандагон – *die Schriftsteller*
- хонанда → хонандагон – *die Leser*
- намоянда → намояндагон – *die Vertreter*

d) Das Partizip des Präsens von шудан *(werden)* шаванда (*werdend*) wird zwar nicht als gehobener Stil angesehen, hat aber trotzdem in der publizistischen und wissenschaftlichen Literatur eine sehr große Verbreitung erfahren. Häufig dient шаванда zur Bildung von Konstruktionen, welche die Machbarkeit oder – bei Negation – die Unmachbarkeit einer Handlung beschreiben, wie sie im Deutschen durch *-bar* vermittelt wird.[68]

- Дар ин кор ҳам ба мо ягонагии вайроннашавандаи халқҳои сокини Тоҷикистон ёрӣ мерасонад. – *Bei dieser Sache hilft uns die unzerstörbare Einheit der in Tadschikistan lebenden Völker.* (вайрон шудан – *zerstört werden*)
- Тоҷикистон узви ҷудонашавандаи ҷомиаи башарӣ мебошад. – *Tadschikistan ist ein untrennbarer Bestandteil der Menschengemeinschaft.* (ҷудо шудан – *sich trennen*)

(2) Mit Hilfe des Suffixes -он, das ebenfalls an den Präsensstamm angefügt wird, bilden einige (aber nicht alle!) Verben eine weitere Form des Partizips des Präsens.

- равон (> рафтан [рав]) – *gehend*
- кунон (> кардан [кун]) – *machend*
- тозон (> тохтан [тоз]) – *eilend*

a) Zusammengesetzte Verben werden in dieser Form zusammen geschrieben.

- хандакунон (> ханда кардан) – *lachend*
- табассумкунон (> табассум кардан) – *lächelnd*
- гапзанон (> гап задан) – *sich unterhaltend*

b) Partizipien des Präsens auf -он werden häufig als Adverbialpartizip verwendet und können dann auch eine Handlung beschreiben, die zwar in der Vergangenheit, aber gleichzeitig mit einer anderen Handlung stattfand.

- Деҳқонзанон сӯҳбаткунон пахта мечинанд. – *Sich unterhaltend pflücken die Bäuerinnen Baumwolle.*
- Модар табассумкунон ба бачааш нигоҳ мекард. – *Die Mutter schaute lächelnd auf ihr Kind.*
- Аҳмад хандакунон ба ин расми ҳаҷвӣ ишора кард. – *Ahmad zeigte lachend auf diese Karikatur.*

---

[67] Das auslautende -а dieses Partizips geht auf die mittelpersische Form -ar zurück, deren -г bei der Pluralbildung erhalten blieb.

[68] Einige Konstruktionen mit шаванда werden auch wie ein Substantiv gebraucht: ▸ дохилшаванда – *Studienbewerber* (wörtlich: *der immatrikuliert werdende* Oder: *der zu immatrikulierende*)

c) Einige Partizipien des Präsens auf -он können wie ein Adjektiv mit изофа an ein Nomen angefügt werden.

- оби равон – *fließendes (laufendes) Wasser* (равон > рафтан [рав] – *gehen, laufen*)
- оби ҷӯшон – *kochendes Wasser* (ҷӯшон > ҷӯшидан [ҷӯш] – *kochen*)
- офтоби сӯзон – *brennende Sonne* (сӯзон > сӯхтан [сӯз] – *brennen, glühen*)

d) Partizipien des Präsens auf -он kommen häufig verdoppelt vor.

- Бача ларзон-ларзон гап мезад. – *Zitternd sprach der Junge.*
- Аспи савора лангон-лангон ба қишлоқ расид. – *Das Pferd des Reiters kam hinkend im Dorf an.*

(3) Einige wenige Verben bilden mit Hilfe des Suffixes -о (nach Vokalen: -ё) ein Partizip des Präsens, das aber meistens nur in einer abgeleiteten Bedeutung als selbständiges Substantiv oder als Adjektiv verwendet wird.

a) Hierzu gehören:

- доно – *Weiser; klug* (> донистан [дон] – *kennen, wissen*)
- бино – *sehend* → нобино – *blind* (> дидан [бин] – *sehen*)
- шиносо – *Bekannter* (> шинохтан [шинос] – *kennen*)
- гӯё – *redend, sozusagen* (> гуфтан [гӯ] – *reden*)
- фаҳмо – *verständlich* (> фаҳмидан [фаҳм] – *verstehen*)
- тавоно – *mächtig* (> тавонистан [тавон] – *können*)
- хоно – *deutlich, gut lesbar* (> хондан [хон] – *lesen*)

b) Das Partizip des Präsens доро – *habend, besitzend* (> доштан [дор] – *haben*) wird meistens prädikativ gebraucht und kann in der Konstruktion доро будан das Verb доштан ersetzen. Dabei steht es meistens vor dem direkten Objekt und wird mit ihm durch изофа verbunden. Bei attributivem Gebrauch kann es die Präposition бо (*mit*) ersetzen.

- Ин мактаб дорои китобхона ва қироатхона буд. – *Diese Schule hatte eine Bibliothek und einen Lesesaal.*
- Ин забоне, ки имрӯз матбуоти тоҷик доро мебошад, махсуси забони форсист. – *Jene Sprache, welche die tadschikische Presse heute besitzt, ist eine Variante der persischen Sprache.*
- Ҳоло дар хоҷагии халқи республика мутахасиссони дорои маълумоти олӣ кор мекунанд. – *Jetzt arbeiten in der Volkswirtschaft der Republik Spezialisten mit Hochschulkenntnissen.*

§ 56 Das Partizip des Futur oder der Notwendigkeit

(1) Das Partizip des Futur oder der Notwendigkeit besteht aus dem Infinitiv eines Verbs und dem akzentuierten Suffix -ӣ.

- дидан → диданӣ

- ‣ гуфтан → гуфтанӣ
- ‣ рафтан → рафтанӣ

(2) Das Partizip des Futur oder der Notwendigkeit wird meistens prädikativ verwendet und drückt dann die Absicht, den Wunsch oder die Entschlossenheit aus, eine Handlung auszuführen. Zeit, Person, Zahl und Modus werden durch ein Hilfsverb oder durch die Kopula ausgedrückt.

a) Im Präsens/Futur wird das Partizip des Futur oder der Notwendigkeit mit der Vollform von *sein* oder mit der Kopula verbunden.[69]

- ‣ Мо ба Хоруғ рафтанӣ ҳастем. – *Wir haben vor, nach Chorog zu fahren.* ODER: *Wir wollen nach Chorog fahren.*
- ‣ Рафиқам ба институт даромаданист. – *Mein Freund beabsichtigt, sich am Institut einzuschreiben.* ODER: *Mein Freund will sich am Institut einschreiben.*

b) In allen anderen Zeitformen wird das Partizip des Futur oder der Notwendigkeit mit den Verben будан oder шудан verbunden. Шудан drückt dabei nicht nur die Absicht oder einen Wunsch aus, eine Handlung auszuführen, sondern den festen Beschluss.

- ‣ Ман ӯро диданӣ будам, аммо дида натавонистам. – *Ich wollte ihn sehen, aber ich konnte ihn nicht sehen.*
- ‣ Хоҳарам ба мактаб омаданӣ буд. – *Meine Schwester wollte in die Schule kommen.*
- ‣ Агар рафтанӣ бошам, телефон мекунам. – *Sollte ich vorhaben zu gehen, rufe ich an.*
- ‣ Онҳо мактубамонро гирифта ба шаҳр омаданӣ шуданд. – *Nachdem sie unseren Brief erhalten hatten, beschlossen sie, in die Stadt zu kommen.*

c) Die Negation wird am Hilfsverb oder an der Kopula markiert.

- ‣ Ман ӯро диданӣ набудам. – *Ich wollte ihn nicht sehen.*
- ‣ Рафиқам ба институт даромаданӣ нест. – *Mein Freund hat nicht vor, sich am Institut einzuschreiben.*

(3) Das Partizip des Futur oder der Notwendigkeit kann auch attributiv verwendet werden. Es drückt dann aus, dass es notwendig, möglich oder lohnenswert ist, etwas zu tun.

- ‣ Дар ин ҷо оби нӯшиданӣ ҳаст. – *Hier gibt es trinkbares Wasser* (*Wasser, das man trinken kann = Trinkwasser*).
- ‣ Ин филм филми диданист. – *Dieser Film ist ein sehenswerter Film.*
- ‣ Раис гапи гуфтанӣ надошт. – *Der Chef hatte nichts zu sagen.*
- ‣ Мо дар кӯҳистон манзараҳои фаромӯш нашуданиро дидем. – *Wir haben in den Bergen unvergessliche Aussichten gesehen.*

---

[69] In der gesprochenen Sprache kann die Kopula wegfallen: ‣ Ман ба кино рафтанӣ. – *Ich habe vor, ins Kino zu gehen.* ODER: *Ich will ins Kino gehen.*

§ 57 Angabe der Uhrzeit

(1) Die Frage nach der jetzigen Uhrzeit lautet: Соат чанд аст (bzw. ... шуд)? – *Wie spät ist es?*

(2) Die Angabe der Uhrzeit erfolgt zur vollen Stunde nach dem Schema Соат [Zahlwort] аст (bzw. ... шуд). – *Es ist soundsoviel Uhr.*

- Ҳозир соат даҳ аст. – *Es ist jetzt zehn Uhr.*
- Соат панҷ шуд. – *Es ist (schon) fünf Uhr.*

(3) Andere Uhrzeiten werden mit Hilfe der Wörter ним – *halb, Hälfte*, чоряк – *Viertel* oder einer Angabe der Minuten (дақиқа – *Minute*) nach folgenden Mustern gebildet.

a) Sind seit der vollen Stunde eine bis 29 Minuten vergangen, sagt man: соат [Anzahl der vollen Stunden]-у [Anzahl der Minuten] аст, wörtlich: *Es ist soundsoviel Uhr und soundsoviel Minuten.* Oder: аз [Anzahl der vollen Stunden] [Anzahl der Minuten] гузашт (bzw. ... гузаштааст[70)]), wörtlich: *Seit soundsoviel Uhr sind soundsoviele Minuten vergangen.*

- 7:15 Uhr = соат ҳафту чоряк аст; ODER: аз ҳафт чоряк гузашт (bzw: ... гузаштааст)
- 7:30 Uhr = соат ҳафту ним аст
- 7:10 Uhr = аз ҳафт даҳ дақиқа гузашт
- 7:20 Uhr = аз ҳафт бист дақиқа гузашт

b) Sind seit der letzten vollen Stunde mehr als 30 Minuten vergangen, sagt man: [Anzahl der bis zur nächsten vollen Stunde fehlenden Minuten] кам [Zahl der nächsten vollen Stunde], wörtlich: *soundso viele Minuten weniger soundso viel Uhr.*

- 7:45 Uhr = чоряк кам ҳашт (wörtlich: *eine Viertelstunde weniger acht Uhr*)
- 7:40 Uhr = бист дақиқа кам ҳашт (wörtlich: *zwanzig Minuten weniger acht Uhr*)
- 7:50 Uhr = даҳ дақиқа кам ҳашт (wörtlich: *zehn Minuten weniger acht Uhr*)

(4) Die Frage nach einer anderen als der jetzigen Uhrzeit lautet: Дар соати чанд ...? – *Um wieviel Uhr ...?* Die Antwort lautet entsprechend: Дар соати [Angabe der Uhrzeit]... – *Um soundsoviel Uhr...* Man beachte, dass das Wort соат und die entsprechende Zahl in diesen Konstruktionen durch изофа (vgl. S. 21, § 16(1)) verbunden sind.

- Шумо дар соати чанд ба донишгоҳ меоед? – *Um wieviel Uhr kommt ihr in die Universität?*
- Мо дар соати ҳашт ба донишгоҳ меоем. – *Wir kommen um acht Uhr in die Universität.*
- Самолёт дар соати ёздаҳу чоряк парида меравад. – Der Flug geht um 11:15.

[70)] Man beachte, dass das Verb гузашт auch dann in der Form der 3. Person Singular steht, wenn seit der vollen Stunde mehr als eine Minute vergangen ist.

(5) Zeitangaben erhalten einen ungefähren, schätzungsweisen Charakter, wenn das entsprechende Nomen im Plural steht.

- Соатҳои ҳафт меоям. – *Ich komme gegen sieben Uhr.* – ABER: Соати ҳафт меоям. – *Ich komme um sieben Uhr.*
- Ӯ дар солҳои ҳафтоду ҳаштум мактабро тамом кард. – *Er hat die Schule irgendwann um das Jahr achtundziebzig abgeschlossen.* ABER: Ӯ дар соли ҳафтоду ҳаштум мактабро тамом кард. – *Er hat die Schule im Jahre achtundziebzig abgeschlossen.*
- Ин китоб дар рӯзҳои аввали моҳи апрел аз чоп баромад. – *Dieses Buch ist Anfang April erschienen.*

§ 58 Zum Numerus einiger Fragepronomina

(1) Das Pluralsuffix -ҳо (vgl. S. 31, § 23) kann auch an Fragepronomina angefügt werden. Die von den Fragepronomina кӣ (*wer?*) und чӣ (*was?*) (vgl. S. 11, § 8) gebildeten Formen киҳо und чиҳо können verwendet werden, wenn sie sich auf mehrere Personen oder Gegenstände beziehen.

- Ин нафарҳо киҳо ҳастанд? – *Wer sind diese Personen?*
- Он чиҳо ҳастанд? – *Was sind das (für Sachen)?*

(2) Die von dem Fragepronomen кай (*wann?*) gebildete Form кайҳо fungiert als Adverb mit der Bedeutung *lange, vor langer Zeit.* Gebräuchlich ist auch die Kombination кайҳо боз (*schon lange, schon vor langer Zeit*)

- Ин хонаро кайҳо таъмир карда буданд. – *Dieses Haus wurde schon vor langer Zeit renoviert.*
- Кайҳо боз ба Самарқанд кӯч карда буд. – *Er war schon vor langer Zeit nach Samarkand gezogen.*

§ 59 Präfixalverben

(1) Einige Verben können durch ein Präfix ergänzt werden und bilden somit eine besondere Gruppe zusammengesetzter Verben. Die dabei verwendeten Präfixe sind бар-, дар-, фур- und ғун-.

(2) Bei Verben, die eine Bewegung ausdrücken, kann das Präfix die Richtung der Bewegung kennzeichnen.

a) Das Präfix бар- drückt aus, dass eine Bewegung nach oben oder nach außen gerichtet ist.

- баромадан – *herauskommen, aufsteigen*
- баровардан – *herausbringen, hochbringen*
- бархостан – *aufstehen, sich erheben*

b) Das Präfix дар- drückt aus, dass eine Bewegung nach innen gerichtet ist.

- даромадан – *hereinkommen, eindringen*
- даровардан – *hereinbringen, hineinstecken*

c) Das Präfix фур- drückt aus, dass eine Bewgung nach unten gerichtet ist.

- фуромадан – *absteigen, herabkommen*
- фуровардан – *senken, herablassen, abladen*

(3) Häufig erhält das Verb durch das Präfix jedoch eine neue Bedeutung.

- бардоштан – *anheben, erheben* (доштан – *haben*)
- баргаштан – *umdrehen, sich lossagen, zurückkehren* (гаштан – *sich drehen*)
- барзадан – *umbiegen, umschlagen* (задан – *schlagen*)
- баркандан – *herausziehen, rausreißen* (кандан – *graben*)
- даргирифтан – *aufflammen, entflammen* (гирифтан – *nehmen*)
- даргирондан – *anzünden, einschalten* (гирондан – Kausativ von гирифтан – *nehmen*, vgl. S. 82, § 63)
- дармондан – *stecken bleiben* (мондан – *bleiben*)
- даркашидан – *austrinken, (in sich) aufsaugen* (кашидан – *ziehen*)
- ғундоштан – *einsammeln, ernten* (доштан – *halten*)

(4) Bei Präfixalverben mit омадан, овардан und доштан bleiben die Präfixe in den finiten Formen fester Bestandteil des Präsens- oder Präteritalstammes. Das Präfix ме- (vgl. S. 17, § 13(1)) wird vor dem präfixalen Bestandteil des Verbs angefügt. Die Imperativ- und Aoristformen dieser Verben dürfen nicht durch das akzentuierte Präfix би- bzw. бу- erweitert werden.

- мебароям – *(ich) komme heraus*
- мебарорӣ – *(du) bringst heraus*
- медарояд – *(er) kommt herein*
- медарорем – *(wir) bringen hinein*
- мефуроед – *(ihr) steigt ab*
- мефуроранд – *(sie) senken*
- дароям – *(ich) käme herein (würde hereinkommen, komme herein)*
- бароӣ – *(du) kämst heraus (würdest herauskommen, kommst heraus)*
- бардоранд – *(sie) hebten an (würden anheben, heben an)*
- фуроед! – *Steigt ab!*
- дарор! – *Bring hinein!*

(5) Alle anderen Präfixalverben sind trennbar. In den finiten Verbformen mit ме- zerfallen diese Verben in ihren präfixalen und verbalen Bestandteil, und -ме- wird als Infix dazwischen geschoben. Alle Bestandteile werden jedoch zusammengeschrieben.

- бармегардам – *(ich) kehre zurück*
- дармемонӣ – *(du) bleibst stecken*
- дармегирад – *es flammt auf*
- бармезанад – *(er) schlägt um*
- бармеканем – *(wir) ziehen heraus*

▸ дармекашед – *(ihr) trinkt aus*

▸ дармегиронанд – *(sie) zünden an*

(6) Beim Verb ғундоштан kann ме- sowohl als Präfix wie auch als Infix in Erscheinung treten. Im letzten Fall kann ғундоштан wie ein zusammengesetztes Verb (vgl. S. 19, § 15) verstanden werden.

▸ меғундорам = ғун медорам

(7) Das ebenfalls mit ғун gebildete Verb ғун кардан (*sammeln, konzentrieren*) wird nicht als Präfixalverb verstanden, sondern wie ein zusammengesetztes Verb (vgl. S. 19, § 15) behandelt.

§ 60 Partizipien auf -гӣ

(1) Durch Hinzufügung des Formans -гӣ an das Partizip der Vergangenheit (vgl. S. 59, § 47) kann eine weitere Form des Partizips der Vergangenheit gebildet werden. Diese Form wird vorwiegend in der gesprochenen Sprache (dort allerdings sehr häufig), kaum jedoch in der gehobenen Schriftsprache verwendet.

▸ хонда → хондагӣ – *gelesen*

▸ дида → дидагӣ – *gesehen*

▸ рафта → рафтагӣ – *gegangen*

a) Diese Partizipien können (bei transitiven Verben) sowohl aktiv wie auch passiv verstanden werden.

▸ хондагӣ – *gelesen*; *gelesen habend*

▸ дидагӣ – *gesehen*; *gesehen habend*

▸ супурдагӣ – *übertragen*, *anvertraut*; *übertragen habend*, *anvertraut habend*

b) Um den passiven Charakter besonders hervorzuheben, kann mit Hilfe des Hilfsverbs шудан [шав] analog der auf S. 65 in § 51 beschriebenen Form ein Passiv des Partizips der Vergangenheit gebildet werden. Das gilt auch für zusammengesetzte Verben.

▸ хонда шудагӣ – *gelesen*

▸ навишта шудагӣ – *geschrieben*

▸ супурда шудагӣ – *übergeben*, *anvertraut*

▸ иҷро карда шудагӣ – *erfüllt*

▸ нишон дода шудагӣ – *gezeigt*

c) Partizipien der Vergangenheit auf -гӣ können attributiv verwendet werden und sind dann mit dem von ihm bestimmten Wort durch изофа verbunden.[71)]

---

71) Ausschließlich in der Umgangssprache kann der Agens (das logische Subjekt) dabei vor das Partizip der Vergangenheit eingefügt werden: ▸ мактуби ман навиштагӣ – *der von mir geschriebene Brief*; ▸ китоби Ҳасан овардагӣ – *das von Hasan gebrachte Buch.* In der gehobenen gesprochenen Sprache sowie in der Schriftsprache muss es stattdessen heißen: ▸ мактубе ки ман навиштам – *der Brief, den ich schrieb*; ▸ китобе ки Ҳасан овард – *das Buch, das Hasan brachte* (vgl. S. 53, § 41). Das logische Subjekt kann in der Umgangssprache auch durch ein enklitisches Pronomen oder durch

- мактуби навиштагӣ – *der geschriebene Brief*
- китоби хондагӣ – *das gelesene Buch*
- вазифаи супурда шудагӣ – *die übertragene Aufgabe*

d) Partizipien der Vergangenheit auf –гӣ entsprechen bei attributiver Verwendung den auf S. 60 in § 47(2) behandelten Partizipien der Vergangenheit auf -а und können wie diese durch eine Präpositionalgruppe oder durch eine Adverbialbestimmung erweitert sein, die dann zwischen изофа und Partizip geschoben wird.

- бачаи ҳозир аз хона баромадагӣ = бачаи ҳозир аз хона баромада = бачае, ки ҳозир аз хона баромад – *der Junge, der jetzt aus dem Haus kam* (wörtlich: **der jetzt aus dem Haus gekommene Junge*
- самалёти аз Москва омадагӣ = самолёти аз Москва омада = самолёте, ки аз Москва омад – *das Flugzeug, das aus Moskau kam* (wörtlich: **das aus Moskau gekommene Flugzeug*
- одами ба шаҳр рафтагӣ = одами ба шаҳр рафта = одаме, ки ба шаҳр рафт – *der Mann, der in die Stadt ging* (wörtlich: **der in die Stadt gegangene Mann*)

(2) Wird das Partizip der Vergangenheit auf -гӣ um das Präsens ме- erweitert, entsteht ein Partizip des Präsens.

- меомадагӣ – *kommend*
- меовардагӣ – *bringend*
- мегузаштагӣ – *vergehend, überquerend*

a) Solche Partizipien des Präsens haben bei transitiven Verben nur eine aktive Bedeutung. Das Passiv muss mit Hilfe des Hilfsverbs шудан [шав] analog der auf S. 65 in § 51 beschriebenen Form gebildet werden.

- фиристода мешудагӣ – *geschickt werdend*
- оварда мешудагӣ – *gebracht werdend*

b) Partizipien des Präsens auf -гӣ können attributiv verwendet werden und sind dann mit dem von ihm bestimmten Wort durch изофа verbunden. Passivformen vermitteln dann gelegentlich eine Absicht, wie sie im Deutschen durch ein erweitertes Partizip mit *zu* ausgedrückt wird.

- одами меомадагӣ – *der kommende Mann*
- китоби хонда мешудагӣ – *das gelesen werdende Buch* ODER: *das zu lesende Buch*
- мактубҳои фиристода мешудагӣ – *die abgeschickt werdenden Briefe* ODER: *die abzuschickenden Briefe*

---

ein Personalpronomen ausgedrückt werden, das mittels изофа an das Partizip der Vergangenheit auf –гӣ angefügt wird: ▸ мактуби навиштагиам = мактуби навиштагии ман – *der von mir.geschriebene Brief*; ▸ китоби овардагиатон = китоби овардагии шумо – *das von euch gebrachte Buch.*

c) Partizipien des Präsens auf -гӣ können bei attributiver Verwendung durch eine Präpositionalgruppe oder durch eine Adverbialbestimmung erweitert sein, die dann zwischen изофа und Partizip geschoben wird.[72]

- Колхозчиён меваи ба бозор оварда мешудагиро ба сабадҳо ҷо карданд. – *Die Kolchosbauern legten das auf den Basar zu bringende Obst in Körbe.* (ODER: *... das Obst, das sie zum Basar bringen ...*)
- Мактубҳои ба район фиристода мешудагиро котиб ба почта месупорад. – *Der Sekretär gibt die in die Rayons zu verschickenden Briefe auf der Post ab.* (ODER: *... die in die Rayons geschickt werdenden Briefe ...*)

(3) In der gesprochen Sprache können Partizipien auf -гӣ auch als Prädikat verwendet werden.[73]

§ 61 Der Progressiv

(1) Der Progressiv[74] wird mit dem Hilfsverb истодан [ист] gebildet.

(2) Das progressive Präsens weist auf den Verlauf einer gegenwärtigen (plötzlichen, einmaligen) Handlung hin, die während ihrer Ausführung keine besonderen Veränderungen erfährt.

a) Das progressive Präsens besteht aus dem Partizip der Vergangenheit des Hauptverbs, dem Partizip des Hilfsverbs истодан und der Kopula (= Perfekt von истодан).

- Ман китоб хонда истодаам. – *Ich lese (gerade) ein Buch.*
- Бачаҳо бозӣ карда истодаанд. – *Die Kinder spielen (gerade).*

b) Die Formen des progressiven Präsens können auch eine Handlung beschreiben, die ständig oder häufig über einen größeren Zeitraum hinweg durchgeführt wird.[75]

---

[72] Ausschließlich in der Umgangssprache kann das Partizip des Präsens auf -гӣ bei attributivem Gebrauch auch ohne Hilfsverb шудан passiv verstanden werden, wenn der Agens an anderer Stelle im Satz genannt wird. Gelegentlich kann ein enklitisches Pronomen an das Partizip angefügt werden, um den Agens eindeutig zu kennzeichnen: ▸ Духтар куртаи медӯхтагиашро ба модараш нишон дод. – *Das Mädchen zeigt der Mutter das Kleid, das sie näht.* (wörtlich: *... das von ihr genäht werdende Kleid).* ▸ Доруи ман мехӯрдагӣ бисёр талх аст. – *Die Medizin, die ich esse, ist sehr bitter.* (wörtlich: *Die von mir eingenommen werdende Medizin ...*)

[73] Dabei können sie sowohl selbständig wie auch in Verbindung mit der Kopula, einer Form von будан oder von шудан stehen: ▸ Аҳмад аз Душанбе омадагӣ. – *Ahmad ist aus Duschanbe gekommen.* ▸ Дари хона пӯшидагӣ буд. – *Die Haustür war verschlossen.* ▸ Мардум ба сухани раҳбарони ҳизбу давлат бовар намекардагӣ шуданд. – *Die Leute hörten auf, den Worten der Führer von Partei und Staat zu glauben.* (wörtlich: *... wurden den Worten ... nicht mehr glaubend*).

[74] Das Deutsche kennt keinen Progressiv. Nur in der gesprochenen Sprache hat sich eine vergleichbare Konstruktion verbreitet, zum Beispiel: Er ist *am Kochen*, stört ihn nicht!

[75] In der gesprochenen Sprache kann diese Bedeutung auch durch das Hilfsverb гаштан [гард] vermittelt werden, das ebenfalls in der Form des Partizips der Vergangenheit erscheint und mit der Kopula verbunden wird (= Perfekt von гаштан): ▸ Ҳамсояи мо дар Душанбе кор карда гаштааст. – *Unser Nachbar arbeitet in Duschanbe.*

- Мо дар институт фанҳои гуногунро омӯхта истодаем. – *Am Institut lernen wir verschiedene Fächer.*
- Падарам дар мактаб дарс дода истодааст. – *Mein Vater unterrichtet in der Schule.*

(3) Das progressive Futur beschreibt eine Handlung, die gegenwärtig stattfindet, aber auch in der Zukunft andauern wird. Es wird gebildet, indem das Partizip der Vergangenheit des Hauptverbs mit dem Präsens von истодан verbunden wird.

- Вай китоб хонда меистад, ман меравам. – *Er wird weiterlesen, ich gehe.*
- Ҳукумат ба модарони серфарзанд ёрӣ дода меистад. – *Die Regierung wird kinderreichen Müttern weiterhin Hilfe gewähren.*

(4) Das progressive Präteritum besteht aus dem Partizip der Vergangenheit des Hauptverbs, dem Partizip der Vergangeheit des Hilfsverbs истодан und dem Präteritum von будан (= Plusquamperfekt von истодан). Es wird meistens verwendet, um eine andauernde Handlung zu beschreiben, in deren Verlauf eine andere, plötzliche oder einmalige Handlung eintrat.

- Бачагон бозӣ карда истода буданд, ки онҳоро чеғ заданд. – *Die Kinder spielten gerade, als man sie rief.*
- Модар дар хона хуроки шом пухта истода буд, ки телефон занг зад. – *Die Mutter bereitete gerade das Abendessen zu, als das Telefon klingelte.*

(5) Das progressive Plusquamperfekt beschreibt eine vergangene, andauernde Handlung, die zu einem ebenfalls in der Vergangenheit liegenden Zeitpunkt abgeschlossen wurde. Es besteht aus dem Partizip der Vergangenheit des jeweiligen Hauptverbs und der Form des einfachen Präteritums von истодан.

- То омадани ман Раҳим рӯзнома хонда истод. – *Bis ich kam, hatte Rahim Zeitung gelesen.*
- То сар шудани борон мо пахтаро об дода истодем. – *Bis es anfing zu regnen, hatten wir die Baumwolle bewässert.*

(6) Bei Negation wird das akzentuierte Präfix на- an das Partizip der Vergangenheit des jeweiligen Hauptverbs angefügt.

- Вай нанавишта истодааст. – *Er schreibt (gerade) nicht.*

(7) Ein progressiver Aorist wird gebildet, indem das Hilfsverb истóдан in den Aorist der entsprechenden Zeitform gesetzt wird.

- Ош гарм шуда истад! – *Möge das Essen warm werden (noch eine Weile kochen).*
- Агар дарсҳои хонагиро хонда истода бошад, халал нарасон! – *Sollte er gerade seine Hausaufgaben machen, dann stör nicht!*

(8) Zustandsverben bilden keinen Progressiv. Hierzu gehören истодан [ист] (*stehen, anhalten*), нишастан [нишин] / шистан [шин] (*sitzen*), хобидан [хоб] (*schlafen*),

будан [бош] (*sein*) oder доштан [дор], wenn es in der Bedeutung *haben* verwendet wird.[76)]

§ 62 Der Narrativ/Auditiv

(1) Der Narrativ/Auditiv umfasst einige Verbformen der tadschikischen Sprache, die über ihre zeitliche Bedeutung hinaus die besondere Modalbedeutung einer nichtoffensichtlichen Wirklichkeit erlangt haben. Er wird verwendet, um einen Sachverhalt als eine Gegebenheit darzustellen, die der Sprecher nicht direkt beobachtet oder erlebt hat. Der Narrativ/Auditiv unterstreicht, dass man eine Handlung nicht aus eigenem Erleben (Sehen) bezeugen kann, sondern dass man nur vom Hörensagen oder auf der Grundlage einer logischen Schlussfolgerung davon Kenntnis erhalten hat. Diese Form kann auch als Erzählmodus bezeichnet werden. Märchen, Erzählungen, Berichte, aber auch historische Darstellungen werden oft im Narrativ/Auditiv wiedergegeben.

(2) Die Formen des Narrativ/Auditiv müssen besonders dann verwendet werden, wenn entsprechende Einleitungen bereits darauf verweisen, dass die im folgenden beschriebene Handlung vom Sprecher nicht selbst beobachtet oder erlebt wurde.

- ▸ маълум шуд, ки ... – *Es wurde klar (stellte sich heraus,), dass ...*
- ▸ мегӯянд, ки ... – *man sagt, ...*
- ▸ гуфтаанд, ки ... – *man sagt (es heißt), ...*
- ▸ хабар дод, ки ... – *er teilte mit, dass ...*
- ▸ назар ба қавли ӯ ... – *wie er sagt ...*
- ▸ овоза шуд, ки ... – *Gerüchte besagen ...*

(3) Die deutsche Sprache hat keine speziellen Formenreihen finiter Verben für den Narrativ/Auditiv.[77)] Um den Charakter einer Handlung als nichtoffensichtliche Wirklichkeit besonders zu betonen, lassen sich die entsprechenden tadschikischen Verbformen mit Hilfe des Wortes *wohl,* als Futur II oder mit Hilfe des Verbs *sollen* oder einfach als Perfekt wiedergeben („Ich höre Tropfen. Es regnet wohl." „Ich rieche ihr Parfüm. Sie wird hier gewesen sein." „Es heißt, er soll kommen.").

(4) Das Präteritum im Modus des Narrativ/Auditiv entspricht formal dem Perfekt des Indikativs. Mit anderen Worten: Die bereits bekannte Zeitform des Perfekts im Modus des

---

76) In der Umgagssprache kann auch доштан im Progressiv erscheinen: ▸ Ин китобро дошта ист! – *Hab (bewahr) dieses Buch!* Ebenfalls nur in der Umgangssprache kann mit истодан ein Progressivpartizip gebildet werden. Dabei steht das jeweilige Hauptverb in der Form des Partizips der Vergangenheit und истодан in der Form des Partizips auf –гӣ. ▸ Ин духтари китоб хонда истодагӣ дугонаи ман аст. – *Das Mädchen, das gerade ein Buch liest, ist meine Freundin.* ODER: *Das gerade ein Buch lesende Mädchen ist meine Freundin.*

77) Allerdings vermittelt auch das deutsche Perfekt (besonders in der gesprochenen Sprache) häufig einen Erzählmodus, ohne besonders auf die Abgeschlossenheit einer Handlung zu verweisen. Es kann dann dem tadschikischen Narrativ/Auditiv sehr nahe kommen.

Indikativ (vgl. S. 66, § 52) kann auch eine Handlung bezeichnen, die in der Vergangenheit stattfand, aber nicht direkt beobachtet oder erlebt wurde, sondern die als gehört oder geschlussfolgert wiedergegeben wird. Eine solche Wendung kann in Abhängigkeit vom Kontext auch als Perfekt des Narrativ/Auditiv verstanden werden.

- Аз ҷавобаш донистам, ки вай ин китобро нахондааст. – *Aus seiner Antwort erkannte ich, dass er dieses Buch nicht gelesen hat.*
- Мегӯянд, ки маҷмӯаи шеърҳои нави ин шоир ба фурӯш баромадааст. – *Man sagt, dass der neue Gedichtband dieses Dichters in den Verkauf gekommen ist.*
- Аз хурсандии ӯ фаҳмидан душвор набуд, ки имрӯз маош додаанд. – *Bei seiner Freude war nicht schwer zu erkennen, dass heute Lohn ausgezahlt wurde.*

⟨5⟩ Das durative Präteritum im Modus des Narrativ/Auditiv entspricht der Form des einfachen Perfekts, wobei dem jeweiligen Hauptverb das Präfix ме- vorangesetzt wird.

- Мегӯянд, ки Алӣ дар мактаби расомӣ мехондааст. – *Man sagt, dass Ali eine Zeichenschule besucht haben soll.*
- Ҳар гоҳ дар вақти борон ӯ тирукамонро медидааст. – *Jedesmal, wenn es regnete, sah er einen Regenbogen.*

⟨6⟩ Das Plusquamperfekt des Narrativ/Auditiv beschreibt eine Handlung als nicht-offensichtliche Wirklichkeit, die nicht nur in der Vergangenheit stattfand, sondern zu einem anderen, ebenfalls in der Vergangenheit liegenden Bezugspunkt bereits abgeschlossen worden sein soll. Es hat dieselbe zeitliche Bedeutung wie das Plusquamperfekt des Indikativ (vgl. S. 68, § 53), unterscheidet sich jedoch in der Form. Es besteht aus dem Partizip der Vergangenheit des jeweiligen Hauptverbs, dem Partizip von будан und der Kopula.

- Сонитар шунидам, ки вай пеш аз он ҳодисаҳо зан гирифта будааст. – *Später hörte ich, dass er schon vor diesen Ereignissen geheiratet hatte.*
- Масҷидро дида фаҳмид, ки даҳ километр роҳро тай карда будаанд. – *Als er die Moschee sah, wurde ihm klar, dass sie schon zehn Kilometer Weg zurückgelegt hatten.*
- Роҳнамо баён кард, ки хонаҳоро пештар ҳамин тавр сохта будаанд. – *Der Reiseleiter erklärte, dass man die Häuser früher in dieser Weise gebaut hatte.*

⟨7⟩ Der Narrativ/Auditiv des progressiven Präteritums besteht aus dem Partizip der Vergangenheit des jeweiligen Hauptverbs, dem Partizip der Vergangenheit von истодан, dem Partizip der Vergangenheit von будан und der Kopula.

- Мегӯянд ки ҳамон бегоҳ аҳли оила кинои аҷибе тамошо карда истода будаанд, ки дуздон говро аз оғил рабудаанд. – *Man sagt, die Familie soll an diesem Abend gerade einen interessanten Film geschaut haben, als die Diebe die Kuh aus dem Stall gestohlen haben sollen.*
- Вай китоб хонда истода будааст, ки ман дарро тақ-тақ кардам. – *Er hat wohl gerade ein Buch gelesen, als ich an die Tür klopfte.*

§ 63 Der Kausativ

(1) Mit den Formen des Kausativs kann eine Handlung ausgedrückt werden, bei der ein ursprünglicher Vorgang bzw. eine ursprüngliche Handlung durch einen (zusätzlichen) Verursacher bewirkt wird.

(2) Der Präsensstamm eines Kausativverbs wird gebildet, indem an den Präsensstamm eines anderes Verbs das Suffix -он angefügt wird. Kausativverben bilden den Präteritalstamm nach dem auf S. 13 in § 10(4) beschriebenen Muster, indem das Suffix -ид bzw. -д an den Präsensstamm angefügt wird.

Tab. 14 Bildung kausativer Verben (Beispiele)

Nichtkausatives Verb			**Kausatives Verb**	
Infinitiv	**Präsens-stamm**	**Bedeutung**	**Infinitiv**	**Bedeutung**
шиштан	шин-	*sich setzen*	шинондан	*(hin)setzen, setzen lassen*
рӯидан	рӯ-	*wachsen*	рӯёндан	*züchten, anbauen, wachsen lassen*
гузаштан	гузар-	*vorbeigehen, passieren*	гузарондан	*(hinüber)bringen, begleiten*
хӯрдан	хӯр-	*essen, trinken; aufnehmen*	хӯрон(и)дан	*füttern, tränken; verpflegen*
бурдан	бар-	*tragen*	барондан	*tragen lassen*

- Модар бачаашро хобонд. – *Die Mutter brachte ihr Kind zu Bett.*
- Ин мактубро ба дӯстам расон! – *Stell diesen Brief meinem Freund zu!*
- Колхози мо пахта мерӯёнад. – *Unsere Kolchose baut Baumwolle an.*
- Милиционер бачаҳоро аз кӯча гузаронд. – *Der Polizist brachte die Kinder über die Straße.*

(3) Der Kausativ

a) verleiht intransitiven Verben eine transitive Bedeutung.

- сӯхтан (*brennen*) → сӯзондан (*verbrennen*)
- давидан (*rennen*) → давондан (*jagen, hetzen*)
- расидан (*erreichen*) → расондан (*zustellen, hinbringen*)
- хобидан (*schlafen*) → хобондан (*einschläfern, zu Bett bringen*)

b) verleiht transitiven Verben die Bedeutung, dass die Handlung auf Veranlassung oder mit Hilfe eines fremden Verursachers geschieht.

- фаҳмидан (*verstehen*) → фаҳмондан (*erklären, verständlich machen*)
- хондан (*lesen, singen*) → хонондан (*lesen lassen, singen lassen*)
- дӯхтан (*nähen*) → дӯзондан (*nähen lassen*)
- хӯрдан (*essen, trinken*; *aufnehmen*) → хӯрондан (*füttern, ernähren, verpflegen*)

c) verleiht Verben, die sowohl transitiv wie auch intransitiv verwendet werden können, eine eindeutige transitive Bedeutung.

- рехтан (*fließen*; *gießen*) → резондан (*gießen, schütten*)

(4) Die Verben омадан [о] (*kommen*), зистан [зи] (*leben*), будан [бош] (*sein*) und шудан [шав] (*werden*) bilden keinen Kausativ.

§ 64 Das Wortbildungssuffix -ӣ

(1) Mit Hilfe des akzentuierten Suffixes -ӣ (nach Vokalen: -гӣ oder -вӣ) können Nomina gebildet werden.[78)] Dieses Suffix ist sehr produktiv. Theoretisch lassen sich von fast jedem Nomen nach den unten stehenden Mustern andere Nomina ableiten.

(2) Von Substantiven lassen sich (relative) Adjektive ableiten.

- хонагӣ – *häuslich* (> хона – *Haus*)
- илмӣ – *wissenschaftlich* (> илм – *Wissenschaft*)
- шаҳрӣ – *städtisch* (> шаҳр – *Stadt*)
- тоҷикӣ – *tadschikisch* (> тоҷик – *Tadschike*)
- олмонӣ – *deutsch* (> олмон – *Deutschland*)

(3) Von Toponymen lassen sich ethnische Bezeichnungen und andere Begriffe ableiten, die auf die Herkunft einer Person oder einer Sache hinweisen.

- Кӯлобӣ – *Kulober* (> Кӯлоб – *Kulob*, ein Gebiet in Tadschikistan)
- Эронӣ – *Iraner* (> Эрон – *Iran*)
- Олмонӣ – *Deutscher* (> Олмон – *Deutschland*)
- Раҳимӣ – *Rahimi* (Familienname mit der Bedeutung: *Sohn von Rahim*, Раҳим – Personenname)
- Фирдавсӣ – *Firdausi* (Name eines Dichters, wörtlich: *paradiesisch*, фирдавс – *Paradies, Paradiesgarten*)

(4) Von Substantiven und Adjektiven können Substantive mit einer abstrakten Bedeutung abgeleitet werden.

- дӯстӣ – *Freundschaft* (> дӯст – *Freund*)
- хастагӣ – *Müdigkeit* (> хаста – *müde*)
- бузургӣ – *Größe* (> бузург – *groß*)
- хубӣ – *Gutes* (> хуб – *gut*)

---

78) Dieses Suffix heißt ёи нисбат (*Relativ-I*), weil es unter anderem relative Adjektive bilden kann (vgl. S. 83, § 64(2)).

(5) Von Verbstämmen können mit oder ohne Hinzuziehung anderer Wörter Nomina gebildet werden.

a) Einige Nomina bestehen aus dem Präsensstamm eines Verbs, der wiederholt und dabei durch -о- verbunden wird, und dem Wortbildungssuffix -ӣ.

- занозанӣ – *Schlägerei* (> задан [зан] – *schlagen*)
- даводавӣ – *Lauferei* (> давидан [дав] – *rennen, laufen*)

b) Häufig wird ein Nomen mit dem Präsensstamm eines Verbs und dem Wortbildungssuffix -ӣ verbunden.

- мошинсозӣ – *Autoproduktion* (> мошин – *Auto* + сохтан [соз] – *bauen, errichten*).
- пивопазӣ – *Bierbrauerei* (> пиво – *Bier* + пухтан [паз] – *kochen*; *reifen*)
- пахтакорӣ – *Baumwollanbau* (> пахта – *Baumwolle* + коридан [кор] – *säen*)
- роҳбарӣ – *Führung* (> роҳ – *Weg* + бурдан [бар] – *tragen, fortschaffen*)

c) Von zusammengesetzten Verben können aus den einzelnen Bestandteilen und dem Präsensstamm des jeweiligen Grundverbs und dem Wortbildungssuffix -ӣ Nomina abgeleitet werden.

- ақибмонӣ – *Zurückbleiben*; *Zurückgebliebenheit, Rückständigkeit* (> ақиб мондан [мон] – *zurückbleiben*)
- ақибкашӣ – *Rückzug*; *Zurückziehen* (> ақиб кашидан [каш] – *zurückziehen*)
- азназаргузаронӣ – *Betrachtung* (> аз назар гузарондан [гузарон] – *betrachten*)
- азхудкунӣ – *Aneignung, Erlernen* (> аз худ кардан [кун] – *sich aneigenen, erlernen*)
- баҳисобгирӣ – *Berechnung* (> ба ҳисоб гирифтан [гир]) – *berechnen*)

(6) Die Akzentuierung des auslautenden -ӣ muss in der Orthographie gekennzeichnet werden, um es von der изофа unterscheiden zu können (vgl. S. 96, § 73(6) und S. 21, § 16(1)).

- шаҳрӣ – *städtisch*, ABER: шаҳри бузург – *die große Stadt*

Die Akzentuierung des auslautenden -ӣ wird nicht gekennzeichnet, wenn die Postposition ро oder eine изофа folgt oder wenn ein auf -ӣ auslautendes Wort als Bestandteil eines zusammengesetzten Wortes in Erscheinung tritt.

- забони тоҷикӣ – *die tadschikische Sprache*, ABER: мо забони тоҷикиро меомузем – *wir lernen die tadschikische Sprache*; ODER: тоҷикизабон – *tadschikischsprachig*
- дӯстӣ – *Freundschaft*; ABER: дӯстии чандинсола – *eine langjährige Freundschaft*; ODER: дӯстиро мустаҳкам кардан – *die Freundschaft festigen*
- боғи шаҳрӣ – *Stadtpark*; ABER: боғи шаҳрии бузург – *der große Stadtpark*; ODER: боғи шаҳриро дидан – *den Stadtpark sehen*

§ 65 Postpositionen

(1) Neben den Präpositionen gibt es im Tadschikischen einige Postpositionen. Sie erfüllen ähnliche Funktionen wie Präpositionen, stehen jedoch nach dem jeweiligem Bezugswort.[79)]

(2) Die Postposition барин – *wie* weist auf die Gleichheit oder Ähnlichkeit hin.[80)]

- Аҳмад барин шатранҷбозро ман то ҳол надидам. – *Einen Schachspieler wie Ahmad habe ich noch nicht gesehen.*
- Ин духтар сурат барин хушрӯй аст. – *Dieses Mädchen ist bildschön.* (wörtlich: *Dieses Mädchen ist schön wie ein Bild.*)

(3) Die Postposition катӣ – *(gemeinsam) mit* drückt aus, dass eine Handlung gemeinsam oder mit Hilfe von etwas durchgeführt wird.[81)]

- Ман рафиқам қатӣ ба бозор меравам. – *Ich gehe mit meinem Freund auf den Basar.*
- Вай як дасташ қатӣ чашмони худро молида пок мекард. – *Mit einer Hand wischte er sich die Augen sauber.*

(4) Die Postposition замон – *während* drückt die Gleichzeitigkeit von Handlungen aus.[82)] Sie wird meistens nach Verben gebraucht, die dann im Infinitiv stehen, und ist meistens als temporaler Nebensatz mit *als* oder *wenn* ins Deutsche zu übersetzen.

- Онҳо омадан замон телефон кун! – *Ruf an, wenn sie kommen.*
- Ба бозор расидан замон дар байни издиҳом дӯстамро дида мондам. – *Als ich auf den Basar kam, erkannte ich inmitten der Menschenmenge meinen Freund.*

(5) Auch die Wörter пеш – *vor*, пас – *nach*, қабл – *vor*, баъд – *nach* können über ihre Verwendung als Präposition hinaus (vgl. S. 56, § 45) bei Zeitangaben als Postposition verwendet werden.

- Вай се сол пеш ин ҷо омада буд. – *Er war vor drei Jahren hierher gekommen.*
- Омадан пас чӣ кор кардед? – *Was habt ihr gemacht, nachdem ihr gekommen seid?*

---

79) Zur Postposition -ро vgl. S. 22, § 17(1).

80) Sie entspricht in dieser Funktion den Präpositionen мисли und монанди (vgl. S. 58, § 45(3)n)). Die Beispielsätze könnten daher ohne Bedeutungsänderung auch lauten: Мисли (монанди) Аҳмад шатранҷбозро ман то ҳол надидам. – *Einen Schachspieler wie Ahmad habe ich noch nicht gesehen.* ▸ Ин духтар мисли (монанди) сурат хушрӯй аст. – *Dieses Mädchen ist bildschön.*

81) Катӣ entspricht in seiner Bedeutung der Präposition бо (vgl. S. 27, § 19(8)). Катӣ kann auch als Präposition verwendet werden: ▸ Ман қатӣ рафиқам ба бозор меравам. – *Ich gehe mit meinem Freund auf den Basar.* ▸ Вай қатӣ як дасташ чашмони худро молида пок мекард. – *Mit einer Hand wischte er sich die Augen sauber.*

82) Möglich sind auch die Formen замоно oder ҳамон bzw. ҳамоно.

- Бачаҳо даҳ дақиқа қабл рафтаанд. – *Die Kinder sind vor zehn Minuten gegangen.*
- Аз он баъд нақлкунанда як дам хомӯш шуд. – *Danach blieb der Erzähler für einen Moment still.*

§ 66 Das kategorische Futur

(1) Das kategorische Futur beschreibt eine Handlung, die in der Zukunft stattfinden wird. Im Unterschied zum Präsens, das ja auch eine Handlung ausdrücken kann, die in der Zukunft geschieht (vgl. S. 17, § 13(2)), unterstreicht das kategorische Futur, dass diese Handlung ganz bestimmt und ohne Zweifel stattfinden wird.[83] Es kann auch verwendet werden, um eine Handlung in der entfernteren Zukunft zu beschreiben.

(2) Das kategorische Futur besteht aus dem Aorist des Hilfsverbs хостан [хоҳ] und dem unverändlichen Präteritalstamm des jeweiligen Hauptverbs. Die folgende Tabelle zeigt die einzelnen Formen am Beispiel des Verbs дидан (*sehen*).

Tab. 15 Futur

Person	Singular	Plural
1.	хоҳам дид	хоҳем дид
2.	хоҳӣ дид	хоҳед дид
3.	хоҳад дид	хоҳанд дид

- Мо ба мақсадамон хоҳем расид. – *Wir werden unser Ziel erreichen.*
- Ман дар вақти таътил ба Тоҷикистон хоҳам рафт. – *Ich werde in den Ferien nach Tadschikistan fahren.*

(3) Bei zusammengesetzten Verben und Passivkonstruktionen steht das Hilfsverb хостан unmittelbar vor dem jeweiligen Präteritalstamm.

- Бекорӣ ҳар сол зиёд хоҳад шуд. – *Die Arbeitslosigkeit wird jedes Jahr zunehmen.*
- Коргарон плани истеҳсолии худро иҷро хоҳанд кард. – *Die Arbeiter werden ihren Produktionsplan erfüllen.*

(4) Bei Negation wird das akzentuierte Präfix на- an das Hilfsverb хостан angefügt.

- Мо ба мақсадамон нахоҳем расид. – *Wir werden unser Ziel nicht erreichen.*
- Коргарон плани истеҳсолии худро иҷро нахоҳанд кард. – *Die Arbeiter werden ihren Produktionsplan nicht erfüllen.*

---

[83] Im Deutschen kann eine ähnliche Aussage durch besondere Betonung des Hilfsverbs *werden* erzielt werden: *Keine Angst! Ich **werde** kommen.*

(5) Das kategorische Futur wird vorwiegend in der Schriftsprache verwendet und daher auch als literarisches Futur bezeichnet.

§ 67 Der Präsumtiv

(1) Der Präsumtiv umfasst Verbformen, die über ihre zeitliche Bedeutung hinaus die besondere Modalbedeutung der Wahrscheinlichkeit oder Möglichkeit vermitteln. Diese Verbformen drücken dieselbe Modalität aus wie die auf S. 52 in § 39 genannten Modalwörter шояд (*es kann sein, vielleicht, wahrscheinlich*), мумкин (аст) (*es kann sein, vielleicht*), даркор (*wahrscheinlich, eventuell*), эҳтимол (*wahrscheinlich, vielleicht*), ohne dass diese Modalwörter verwendet werden müssen. Das Deutsche kennt solche Verbformen nicht. In der Übersetzung sind daher die entsprechenden Modalwörter einzufügen.

(2) Im Präsumtiv des Präteritums steht das Hauptverb in der Form des Partizips auf -гӣ, das mit der Vollform des Verbs *sein* verschmilzt. Die folgende Tabelle zeigt die einzelnen Formen am Beispiel des Verbs дидан (*sehen*).

Tab. 16 Präsumtiv des Präteritums

Person	Singular	Plural
1.	дидагистам	дидагистем
2.	дидагистӣ	дидагистед
3.	дидагист	дидагистанд

- Ӯ аз шаҳр омадагист. – *Er ist wahrscheinlich aus der Stadt gekommen.*
- Вай имрӯз табибро дидагист. – *Möglicherweise hat er den Arzt heute gesehen.*
- Колхозчиён дар саҳро кор кардагистанд. – *Die Kolchosbauern arbeiteten wahrscheinlich auf dem Feld.*

(3) Der Präsumtiv des Präsens entspricht der um das Präfix ме- erweiterten Form des Präsumtivs des Präteritums.

- Писараш дар рӯи ҳавлӣ бозӣ мекардагист. – *Sein Sohn spielt wahrscheinlich im Hof.*
- Қуръони шарифро ӯ ҳар рӯз мехондагист. – *Den heiligen Koran liest er wahrscheinlich jeden Tag.*

(4) Im Präsumtiv des progressiven Präsens steht das Hauptverb in der Form des Partizips der Vergangenheit und das Hilfsverb истодан in der Form des Präsumtivs des Präteritums.

- Вай китоб хонда истодагист. – *Wahrscheinlich liest er gerade ein Buch.*

- Бачагон ба хона омада истодагистанд. – *Die Kinder kommen wahrscheinlich gerade nach Hause.*
- Табиб ҳозир беморро дида истодагист. – *Wahrscheinlich schaut der Arzt gerade nach dem Kranken.*

§ 68 Das Hilfsverb гирифтан

(1) Das Verb гирифтан [гир] (*nehmen*) kann als Hilfsverb verwendet werden, um den Anfang einer andauernden oder sich wiederholenden Handlung auszudrücken. Erscheint гирифтан in dieser Funktion, steht das jeweilige Hauptverb im Infinitiv. Person, Zahl, Zeit und Modus der Handlung werden am Hilfsverb markiert.

- Коргарон ба завод омада, кор кардан гирифтанд. – *Die Arbeiter kamen in den Betrieb und begannen zu arbeiten.*
- Ҳофиз сурудро хондан гирифт. – *Der Sänger begann das Lied zu singen.*
- Шумо кори худатонро кардан гиред. – *Macht ihr eure Sache.* ODER: *Fangt an, eure Sache zu machen.*

(2) Гирифтан kann im Zusammenhang mit einem anderen Verb auch darauf hinweisen, dass jemand eine Handlung für sich selbst ausführt. In diesem Fall steht das jeweilige Hauptverb jedoch nicht im Infinitiv, sondern als Adverbialpartizip (= Partizip der Vergangenheit) unmittelbar vor dem konjugierten Hilfsverb гирифтан (vgl. auch S. 102, § 75(5)c)). Person, Zahl, Zeit und Modus der Handlung werden am Hilfsverb markiert.[84)]

- Адресашро навишта гирифт. – *Er schrieb sich seine Adresse auf.*
- Мақоларо хонда гиред! – *Lest euch den Artikel durch!*

§ 69 Bruchzahlen

(1) Bruchzahlen bildet man mit Hilfe der Präposition аз, der zuerst der Nenner und danach der Zähler folgt.

- аз се ду – 2/3 (wörtlich: *zwei von drei*)
- аз даҳ ҳашт – 8/10 (wörtlich: *acht von zehn*)
- аз чор як – 1/4 (wörtlich: *einer von vier*)

(2) Steht im Zähler eine Eins, kann die Präposition аз wegfallen. Nenner und Zähler verschmelzen dann zu einem Wort.

- 1/3 = сеяк
- 1/4 = чоряк
- 1/10 = даҳяк

[84)] Diese Formen werden nicht von allen Tadschikisch-Sprechern als normgerecht angesehen.

⟨3⟩ In Verbindung mit einem Substantiv folgt der Bruchzahl gewöhnlich das Zählwort қисм (*Teil*), das (im Unterschied zu den Zählwörtern nach Grundzahlen, vgl. S. 40, § 30⟨1⟩) durch изофа mit dem Substantiv verbunden wird.

- аз ҳашт ҳафт қисми ҳосил – *sieben Achtel der Ernte*
- аз се ду қисми талабагон – *zwei Drittel der Schüler*

⟨4⟩ Bei gebrochenen Zahlen mit Komma wird die Zahl nach dem Komma nach demselben Muster ausgedrückt wie bei Brüchen. Je nach Anzahl der Dezimalstellen ist dabei für den Nenner даҳ (*zehn*), сад (*hundert*), ҳазор (*tausend*) usw. einzusetzen. Die Zahl vor dem Komma kann mit Hilfe des Zählwortes бутун (*Ganzes*) markiert werden.

- 128,6 = саду бисту ҳашту аз даҳ шаш ODER: саду бисту ҳашт бутуну аз даҳ шаш
- 35,85 = сию панҷу аз сад ҳаштодупанҷ ODER: сию панҷ бутуну аз сад ҳаштодупанҷ
- 7,007 = ҳафту аз ҳазор ҳафт ODER: ҳафт бутуну аз ҳазор ҳафт

⟨5⟩ Zusammengesetzte Zahlwörter, die aus ganzen und gebrochenen Zahlen bestehen, bildet man ebenfalls mit Hilfe des Zählwortes бутун (*Ganzes*), das zwischen die ganze und die gebrochene Zahl gestellt wird.

- 4 ¾ = чор бутуну аз чор се (wörtlich: *vier Ganze und drei von vier*)
- 6 ⅝ = шаш бутуну аз ҳашт панҷ (wörtlich: *sechs Ganze und fünf von sechs*)

§ 70 Fügungen mit Zahlwörtern

⟨1⟩ Fügungen mit Zahlwörtern, die im Deutschen mit *je* ausgedrückt werden, bildet man auf Tadschikisch mit Hilfe des Zählwortes то (vgl. S. 41, Anmerkung 46), das in diesem Fall mit der jeweiligen Zahl verbunden wird und das akzentuierte Suffix -ӣ (-гӣ) erhält.

- яктоӣ – *je eins*; дутоӣ – *je zwei*; сетогӣ – *je drei* usw.

Möglich sind auch Konstruktionen vom Typ як(та)-як(та), ду(та)-ду(та).

- Ин ҳабро дута-дута хӯред. – *Nehmen sie je zwei Tabletten ein.*
- Пулатонро як-як омада гиред. – *Kommt einzeln (je einer) und empfangt euer Geld.*

⟨2⟩ Fügungen mit Zahlwörtern, die im Deutschen mit *zu* ausgedrückt werden, bildet man auf Tadschikisch durch Hinzufügung von -нафарӣ oder -каса an das jeweilige Zahlwort (gilt nur dann, wenn das jeweilige Bezugswort eine Person ist): дунафарӣ – *zu zweit*; секаса – *zu dritt*

- Мо шашнафарӣ волейболбозӣ кардем. – *Wir spielten zu sechst Volleyball.*
- Онҳо чоркаса ба хонаи мо омаданд. – *Sie kamen zu viert zu uns nach Hause.*

§ 71 Weitere Wortbildungssuffixe

(1) Neben dem ёи нисбат (vgl. Seite 83 ff., § 64) kennt das Tadschikische viele andere produktive Suffixe, mit denen sich Substantive und Adjektive bilden lassen.

(2) Die häufigsten Suffixe zur Bildung von Adjektiven sind:

a) -ин – bildet aus Substantiven Adjektive, die meistens eine materielle Beschaffenheit bezeichnen. Mitunter können Adjektive, die auf diese Art gebildet wurden, wie ein Substantiv mit einer neuen Bedeutung verwendet werden.

- сангин – *steinern* (> санг – *Stein*)
- чӯбин – *hölzern* (> чӯб – *Holz*)
- оҳанин – *eisern* (> оҳан – *Eisen*)
- пӯстин – *Pelzjacke* ODER: *Pelz-*, *aus Pelz* (> пӯст – *Fell*, *Pelz*)

b) -гин – bildet aus Substantiven Adjektive, die meistens ein Gefühl beschreiben.

- хашмгин – *zornig* (> хашм – *Zorn*)
- шармгин – *schüchtern* (> шарм – *Schüchternheit*, *Anstand*)
- ғамгин – *traurig* (> ғам – *Trauer*, *Kummer*)

c) -нок, -манд und -вар – bilden aus Substantiven Adjektive, die eine Verfügung über eine Sache oder über eine Eigenschaft bezeichnen.

- зарарнок – *gefährlich* (> зарар – *Gefahr*)
- самаранок – *fruchtbar* (> самара – *Frucht*)
- даромаднок – *ertragreich*; *einträglich* (> даромад – *Einkommen*, *Ertrag*)
- донишманд – *klug*, *weise* (> дониш – *Wissen*)
- суханвар – *beredt*, *redegewandt* (> сухан – *Rede*)

d) -она (nach Vokal: -гона) – bildet aus Substantiven und Adjektiven Adjektive, die sich meistens auf eine Person oder auf eine Handlung beziehen. Mitunter können Adjektive, die auf diese Art gebildet wurden, mit einer neuen Bedeutung wieder wie ein Substantiv verwendet werden.

- бачагона – *kindlich*, *kindisch*; *Kindes-* (> бача – *Kind*): гапҳои бачагона – *Kinderrede*; *kindisches Gerede*
- рӯзона – *täglich*; *Tages-* (> рӯз – *Tag*)
- солона – *jährlich*; *Jahres-* (> сол – Jahr)
- моҳона – *monatlich*; *Monats-* Oder: *Gehalt*, *Monatseinkommen* (> моҳ – *Monat*)
- дӯстона – *freundschaftlich* (> дӯст – Freund; Freundes-): мамлакати дӯст – *Freundesland*, ABER: равобити дӯстона – *freundschaftliche Beziehung*
- дугона – *doppelt*; *Paares-* ODER: *Freundin* (> ду – *zwei*)

e) -вор, -монанд und -гун – bilden aus Adjektiven und Substantiven Adjektive, die eine Ähnlichkeit beschreiben, -вор kann auch die Verfügung über eine Sache bezeichnen.

- гургвор – *wölfisch*, *einem Wolf ähnlich* (> гург – *Wolf*)
- бузургвор – *erhaben*, *majestätisch* (> бузург – *groß*)
- умедвор – *hoffnungsvoll*, *hoffend* (> умед – *Hoffnung*)
- газмонанд – *gasartig* (> газ – *Gas*)

- бухормонанд – *dampfartig* (> бухор – *Dampf*)
- гулгун – *blumig, blumenartig, wie eine Blume* (> гул – *Blume*)

f) -ангӣ (nach Vokalen: -нгӣ), -ина und -а – bildet aus Adjektiven und Substantiven Adjektive, die eine Zeit oder einen Ort beschreiben.

- болонгӣ – *obrig, oben genannt* (> боло – *oben*)
- дерина – *alt, althergekommen* (> дер – *spät, längst gewesen*)
- ҳафтаина – *wöchentlich, Wochen-* (> ҳафта – *Woche*)
- панҷсӯмина – *Fünfsum-, im Wert von fünf Sum* (> панҷ сӯм – *fünf Sum*)
- имрӯза – *heutig, von heute* (> имрӯз – *heute*)
- дирӯза – *gestrig, von gestern* (> дирӯз – *gestern*)
- дишаба – *von gestern Abend* (> дишаб – *gestern Abend, letzte Nacht*)
- панҷсола – *fünfjährig* (> панҷ сол – *fünf Jahre*)

g) -акак, -ак und -ча – verleihen Adjektiven die zusätzliche Bedeutung einer Verkleinerung, Verniedlichung oder von Zärtlichkeit.

- камакак – *ein bisschen, sehr wenig* (> кам – *wenig*)
- хурдакак – *sehr klein* (> хурд – *klein*)
- меҳрубонак – *sehr lieb, sehr liebenswürdig* (> меҳурубон – *lieb, liebenswürdig*)
- сиёҳча – *leicht schwarz, schwärzlich* (> сиёҳ – *schwarz*)
- сафедча – *leicht weiß, weißlich* (> сафед – *weiß*)

(3) Die häufigsten Suffixe zur Bildung von Substantiven sind:

a) -стон (nach Konsonanten: -истон) – bildet Substantive, die einen Ort bezeichnen.

- Тоҷикистон – *Tadschikistan* (> Тоҷик – *Tadschike*)
- кӯҳистон – *Bergland, Gebirge* (> кӯҳ – *Berg*)
- гулистон – *Blumenbeet, Blumengarten* (> гул – *Blume*; *Rose*)

b) -зор/-сор – bildet Substantive, die einen Ort des Überflusses oder Reichtums an einer Sache bezeichnen.

- дарахтзор – *Baumdickicht* (> дарахт – *Baum*)
- чашмасор – *quellreiches Gebiet* (> чашма – *Quelle*)

c) -дон – bildet Substantive, die ein Gefäß bezeichnen.

- сиёҳидон – *Tintenfass* (> сиёҳӣ – *Tinte*)
- намакдон – *Salznapf, Salzstreuer* (> намак – *Salz*)
- хокистардон – *Aschenbecher* (> хокистар – *Asche*)

d) -гар, -гор, -кор und -чӣ – bilden Substantive, die eine Tätigkeit beschreiben. -гор kann auch Substantive mit einer abstrakten Bedeutung bilden.

- коргар – *Arbeiter* (> кор – *Arbeit*)
- хостгор – *Bittsteller, Kuppler* (> хостан – *bitten, auffordern*)
- хиёнаткор – *Verräter, Betrüger* (> хиёнат (> *Verrat, Betrug*)
- хизматчӣ – *Diener, Angestellter* (> хизмат – *Dienst*)
- ҳисобчӣ – *Rechnungsführer* (> ҳисоб – *Rechnung*)
- ёдгор – *Erinnerung, Gedenken, Andenken* (> ёд – *Gedächtnis*)
- рӯзгор – *Zeit, Epoche, Leben* (> рӯз – *Tag*)

e) -бон – bildet Bezeichnungen für Personen oder (seltener) Sachen, die etwas beschützen.

- боғбон – *Gärtner* (> боғ – *Garten*)
- подабон – *Hirte* (> пода – *Herde*)
- соябон – *Sonnenschirm* (> соя – *Schatten*)

f) -иш – bildet vom Präsensstamm einiger Verben Substantive, die eine Handlung bezeichnen.

- хониш – *Studium* (> хондан [хон] – *lesen, lernen*)
- гардиш – *Drehung* (> гардидан/гаштан [гард] – *sich drehen*)
- варзиш – *gymnastische Übung, Training* (> варзидан [варз] – *üben, trainieren*)

g) -а (nach Vokalen: -я) – bildet aus Substantiven neue Substantive mit einer anderen Bedeutung und aus dem Präsensstamm von Verben Substantive.

- даста – *Griff, Handgriff* (> даст – *Hand, Arm*)
- чашма – *Quelle* (> чашм – *Auge*)
- ханда – *Lächeln, Lachen* (> хандидан [ханд] – *lachen*)
- гиря – *Weinen, Geheule* (> гиристан [гирӣ] – *weinen, heulen*)

h) -ак, -ча und -ича – bilden Diminutivformen, -ак kann gelegentlich eine Verachtung zum Ausdruck bringen und außerdem verwendet werden, um aus dem Präsensstamm von Verben (häufig in Verbindung mit einem Substantiv) Substantive zu bilden, die meistens ein Werkzeug bezeichnen.

- духтарак ODER: духтарча – *kleines Mädchen, Mägdelein* (> духтар – *Mädchen*)
- аспак – *Gaul* (> асп – *Pferd*)
- бандак – *Bündel* (> бастан [банд] – *binden*)
- оташгирак – *Kohlenzange* (> оташ – *Feuer* + гирифтан [гир] – *nehmen*)
- обпошак – *Gießkanne* (> об – *Wasser* + пошидан [пош] – *verspritzen*)
- китобча – *Heft*; *Büchlein* (> китоб – Buch)
- бузича – *Zieglein* (> буз – Ziege)
- дарича – *Türlein, Pförtchen* (> дар – Tür, Pforte)

i) -ия und -ият sind arabische Suffixe, die von arabischen (Lehn-)Wörtern Substantive mit einer abstrakten Bedeutung bilden.

- назария – *Anschauung, Weltbild* (> назар – *Blick*)
- масъулият – *Verantwortung* (> масъул – *verantwortlich*)
- ҳокимият – *Macht, Herrschaft* (> ҳоким – *Herrscher*; *herrschend*)

j) -от (nach Vokalen: -ёт) ist ein arabisches Pluralsuffix, das im Tadschikischen Substantive mit einer Sammelbedeutung bildet (zu diesem Suffix vgl. auch S. 32, § 23(10)).

- маълумот – *Bildung, Kenntnis* (> маълум – *bekannt*)
- матбуот – *Presse, Pressewesen* (> матбӯъ – *gedruckt*)
- ҳайвонот – *Fauna, Tierwelt* (> ҳайвон – *Tier*)

Anhang

§ 72 Die Schriftsysteme des Tadschikischen im 20. Jahrhundert (Überblick)

(1) Seit der arabischen Eroberung wurde das Persisch-Tadschikische Mittelasiens mit Hilfe eines modifizierten arabischen Alphabets geschrieben, das noch heute für das Persische in Iran und Afghanistan verwendet wird. 1930 wurde für das Tadschikische Mittelasiens wie für viele andere Sprachen dieser Region ein Lateinalphabet eingeführt. 1940 erfolgte der Übergang auf ein modifiziertes kyrillisches Alphabet. Seit ca. 1990 ist eine Rückbesinnung auf das arabisch-persische Alphabet zu beobachten, das die kyrillische Schrift bisher aber nicht verdrängt hat, sondern als kulturhistorisches Gut zusätzlich verbreitet und angeeignet wird.

Die einheimischen (auch: bucharischen) Juden Mittelasiens, die ebenfalls Tadschikisch sprechen, verwendeten in vorsowjetischer Zeit für das Tadschikische ein modifiziertes hebräisches Schriftsystem. Ende der 20er Jahre entwickelten sie zunächst eine eigene Lateinschrift.[85] Sie übernahmen 1935 das allgemeine tadschikische Lateinalphabet und gingen 1940 zum Kyrillischen über, das sie für das Tadschikische (auch in der Emigration) bis heute beibehalten haben.

Tab. 17 Schriftsysteme im 20. Jahrhundert

Laut	Darstellung			
	Arabische Schrift	Hebräische Schrift	Lateinschrift (Judenpersisch)	Kyrillische Schrift
[i]	ی [bzw. keine Darstellung]	אִי, י	I i, Ī ī, E e	И и, Ӣ ӣ (и-и заданок), Е е, Э э (vgl. S. 97, § 73(8))
[e]	ی	אֵי	E e	Е е
[a]	[keine Darstellung]	אָ	A a	А а
[u]	و [bzw. keine Darstellung]	אוּ	U u, Ū ū (Ů ů)	У у, Ӯ ӯ (vgl. S. 97, § 73(8))
[o]	آ, ا	אוֹ	O o	О о

[85] Zeichen, die nur in der Lateinschrift der bucharischen Juden verwendet wurden, sind in der Tabelle in eckige Klammern gesetzt.

<table>
<tr><td>[ů]</td><td>و</td><td>אוֹ</td><td colspan="2">Ū ū
(Ů ů)</td><td>Ӯ ӯ</td></tr>
<tr><td>[p]</td><td>پ</td><td>פּ</td><td colspan="2">P p</td><td>П п</td></tr>
<tr><td>[b]</td><td>ب</td><td>בּ</td><td colspan="2">B в</td><td>Б б</td></tr>
<tr><td>[t]</td><td>ت, ط</td><td>ת</td><td colspan="2">T t</td><td>Т т</td></tr>
<tr><td>[d]</td><td>د</td><td>ד</td><td colspan="2">D d</td><td>Д д</td></tr>
<tr><td>[k]</td><td>ك</td><td>כּ</td><td colspan="2">K k</td><td>К к</td></tr>
<tr><td>[g]</td><td>گ</td><td>ג</td><td colspan="2">G g</td><td>Г г</td></tr>
<tr><td>[q]</td><td>ق</td><td>ק</td><td colspan="2">Q q</td><td>Қ қ</td></tr>
<tr><td>[m]</td><td>م</td><td>מ</td><td colspan="2">M m</td><td>М м</td></tr>
<tr><td>[n]</td><td>ن</td><td>נ</td><td colspan="2">N n</td><td>Н н</td></tr>
<tr><td>[č]</td><td>چ</td><td>ג'</td><td colspan="2">C c</td><td>Ч ч</td></tr>
<tr><td>[ǧ]</td><td>ج</td><td>ג̃</td><td colspan="2">Ç ç</td><td>Ҷ ҷ</td></tr>
<tr><td>[f]</td><td>ف</td><td>פ</td><td colspan="2">F f</td><td>Ф ф</td></tr>
<tr><td>[w]</td><td>و</td><td>ב</td><td colspan="2">V v</td><td>В в</td></tr>
<tr><td>[s]</td><td>س, ص, ث</td><td>ס</td><td colspan="2">S s</td><td>С с</td></tr>
<tr><td>[z]</td><td>ذ, ز, ض, ظ</td><td>ז̃</td><td colspan="2">Z z</td><td>З з</td></tr>
<tr><td>[j]</td><td>ی</td><td>י</td><td colspan="2">J j</td><td>Й й (и-и кӯтоҳ) bzw. je nach folgendem Vokal Я я, Ё ё, Ю ю</td></tr>
<tr><td>[x]</td><td>خ</td><td>כ</td><td colspan="2">X x</td><td>Х х</td></tr>
<tr><td>[ġ]</td><td>غ</td><td>ג</td><td colspan="2">O| o|</td><td>Ғ ғ</td></tr>
<tr><td rowspan="2">[h][86]</td><td>ه</td><td>ה</td><td rowspan="2">H h</td><td>(H h)</td><td rowspan="2">Ҳ ҳ</td></tr>
<tr><td>ح</td><td>ח</td><td>(Ḩ ḩ)</td></tr>
</table>

86) In einigen tadschikischen Dialekten sind entsprechend der in der arabischen Schrift getroffenen Unterscheidung zwischen ه und ح auch Unterschiede in der Aussprache möglich. Das gilt auch für den Dialekt der einheimischen Juden aus Samarkand, die diesen Unterschied deshalb in der hebräischen und in der eigenen Lateinschrift markierten. Nach der allgemeinen tadschikischen Norm ist eine solche Differenzierung bedeutungslos.

[š]	ش	ש	Ş ş	Ш ш
[ž]	ژ	ז̌	Ƶ ƶ	Ж ж
[l]	ل	ל	L l	Л л
[r]	ر	ר	R r	Р р
[ᶜ]	ع	ע	ʼ (Ә ә)	ъ (nur zwischen Vokalen und Konsonanten bzw. am Wortende, vgl. S. 96, § 73(7))
				Ь ь (аломати ҷудоӣ – Zum Gebrauch vgl. S. 96, § 73(5))
				Ц ц (bis ca. 1990 nur in russischen Lehnwörtern)
				Щ щ (bis ca. 1990 nur in russischen Lehnwörtern)
				Ы ы (bis ca. 1990 nur in russischen Lehnwörtern)

(2) In tadschikischen Wörterbüchern wird für die Buchstaben des kyrillischen Alphabets folgende Reihenfolge eingehalten: а б в г д е ё ж з и й к л м н о п р с т у ф х (ц) ч ш (щ) ъ (ы) (ь) э ю я ғ ӣ қ ӯ ҳ ҷ

§ 73 Einige orthographische Regeln

(1) Gemeinsam mit dem kyrillischen Alphabet wurden auch einige orthographische Regelungen aus dem Russischen entlehnt. Einige dieser Regeln wurden ca. seit 1990 nicht mehr eingehalten. Deshalb hat die Regierung Tadschikistans am 16. September 1998 neue Rechtschreiberegeln für das Tadschikische verabschiedet. Schreibweisen, die nur bis dahin gültig waren, sind im folgenden entsprechend gekennzeichnet.

(2) Der Buchstabe е hat eine doppelte Bedeutung.

a) Nach einem Konsonanten steht er für den Vokal [e].

- девор [dewor] – *Wand*
- мева [mewa] – *Obst*

b) Am Wortanfang, nach Vokalen sowie (bis ca. 1990 in russischen Lehnwörtern) nach ь bezeichnet е dagegen die Lautkombination [je].

- ем [jem] – *Futtergetreide*
- хонае [xona-je] – (unbestimmt:) *ein Haus*
- карьера [karjera] – *Karriere*

(3) Am Wortanfang sowie (ebenfalls in russischen Lehnwörtern) nach einem Vokal wird für [e] ein э geschrieben.

- элак [elak] – *Sieb*
- Эрон [eron] – *Iran*
- поэма [poema] – *Poem*

(4) Die Buchstaben ё, ю und я stehen für die Lautkombinationen [jo], [ju] bzw. [ja]. In der Zeit von 1940 bis ca. 1990 wurden diese Buchstaben von einem vorangehenden Konsonanten durch ein Weichheitszeichen (ь) getrennt.

- ёр [jor] – *Freund*
- дунё – (*hist.:* дуньё) [dunjo] – *Welt*
- бериё [berijo] – *aufrichtig, uneigennützig*
- юнонӣ [junoni]– *Grieche*
- маъюб [ma^cjub] – *behindert*
- як [jak] – *ein/s*
- тарбия [tarbija] – *Erziehung*
- такя – (*hist.:* такья) [takja] – *Stütze*

(5) Seit ca. 1990 wird das Weichheitszeichen (ь) auch in russischen Lehnwörtern nicht mehr geschrieben.

- апрел – *April*
- рубл – *Rubel* (Währungseinheit Tadschikistans)

(6) Der Buchstabe ӣ wird nur am Wortende geschrieben, um – grammatisch wesentlich (vgl. S. 84, § 64(6)) – ein akzentuiertes [í] von einem nichtakzentuierten [i] (изофа) zu unterscheiden. Wird an ein solches Wort eine изофа oder (zum Beispiel bei der Bildung von zusammengesetzten Wörtern) ein anderes Wort angehängt, muss die Akzentuierung des [í] orthographisch nicht mehr gekennzeichnet werden, weil es nicht mehr am Wortende steht.

- мардӣ [mardí] – *Männlichkeit*, ABER: марди бузург [márd-i buzurg] – *großer Mann*
- озодӣ [ozodí] – *Freiheit*, ABER: озодии сухан [ozodí-i suxan] – *Redefreiheit*
- тараққӣ [taraqqí] – *Entwicklung*, *Fortschritt*, ABER: тараққипарвар [taraqqìparvár] – *Anhänger des Fortschritts*

(7) Das Verzögerungszeichen ъ (аломати сакта) steht für jenen Knacklaut, der in der arabischen Schrift entweder durch ein ع *(ʿAyn)* oder durch ein ء *(Hamza)* wiedergegeben wird.

a) In dieser Funktion steht das Verzögerungszeichen nicht am Wortanfang sowie nicht zwischen Vokalen. Ausnahmen sind die folgenden Wörter und ihre Ableitungen:

- фаъол – *aktiv*; фаъолият – *Tätigkeit*
- таъин – *Bestimmung*

b) Steht das Verzögerungszeichen ъ am Ende eines Wortes nach einem Vokal, fällt es weg, sobald dieses Wort mittels изофа mit einem anderen Wort verbunden wird. Dann steht es zwischen Vokalen und darf nicht mehr geschrieben geschrieben werden (vgl. S. 96, § 73(7)a)).

- мавзӯъ – *Thema*, ABER: мавзӯи баҳс – *Gesprächsthema*
- тулӯъ – *Aufgang (eines Gestirns am Himmel)*, ABER: тулӯи офтоб – *Sonnenaufgang*
- шурӯъ – *Anfang, Beginn*, ABER: шурӯи кор – *Arbeitsbeginn*

(8) Die Vokale и – [i] und у – [u] werden dann, wenn sie in einer geschlossenen Silbe vor einem [h] oder vor dem Verzögerungszeichen ъ stehen, entsprechend ihrer in dieser Position veränderten Aussprache als е bzw. э und ӯ geschrieben. Damit kann derselbe Laut in einem Wort unterschiedlich geschrieben werden, je nachdem, ob er in der gegebenen Wortform in einer geschlossenen oder in einer offenen Silbe vor einem [h] steht.

- эҳлок [ehlok] – *Vernichtung*
- мӯҳлат [mů̊hlat] – *Aufschub*
- воқеъ [woqeʿ] – *gelegen*
- шӯъба [šůʿba] – *Bereich*
- деҳ [deh] – Präsensstamm von додан (*geben*) und *gib!* (Imperativ) ABER: медиҳам – *(ich) gebe*
- неҳ [neh] – Präsensstamm von ниҳодан (*hinlegen, hinstellen*) und *leg / stell hin!* (Imperativ) ABER: мениҳам – *(ich) lege / stelle hin*
- тасҳеҳ [tasheh] – *Korrektur, Berichtigung* ABER: тасҳиҳот [tashihot] – *Korrekturen*; *Berichtigungen* (Plural)

(9) Geminierte Konsonanten werden nur zwischen Vokalen als Doppelbuchstaben wiedergegeben. Bei Wörtern, die auf einen geminierten Konsonanten enden, wird nur dann ein Doppelbuchstabe geschrieben, wenn diese Wörter durch изофа mit einem anderen Wort verbunden werden. In Einzelstellung steht bei diesen Wörtern nur *ein* Konsonant am Wortende.

- қад [qad(d)] – *Wuchs* ABER: қадди баланд [qadd-i baland] – *hoher Wuchs*
- дур [dur(r)] – *Perle* ABER: дурри ноёб [durr-i nojob] – *seltene Perle*
- хат [xat(t)] – *Schrift* ABER: хатти хоно [xatt-i xono] – *deutliche Schrift*

(10) Sätze beginnen mit einem Großbuchstaben. Alle anderen Wörter im Satz werden klein geschrieben. Ausnahmen von dieser Regel sind:

a) Eigennamen

- Садриддин Айнӣ – *Sadriddin Ajni*
- Ҷовиди Ораз – *Dschowid Oras*
- Помир – *Pamir*
- Олмон – *Deutschland*
- бозори Баракат – *der Barakat-Markt*

b) Bezeichnungen von staatlichen und anderen offiziellen Einrichtungen

- Раиси Маҷлиси Олии Ҷумҳурии Тоҷикистон – *der Vorsitzende des Obersten Rates der Republik Tadschikistan*

- Нишони Миллии Ҷумҳурии Тоҷикистон – *das Staatswappen der Republik Tadschikistan*

c) die Bezeichnungen für Gott

- Худо – *Gott*
- Худованд – *Gott*
- Парвардигор – *der Beschützer*
- Офаридагор – *der Schöpfer*
- Оллоҳ – *Allah*

§ 74 Die Akzentuierung

(1) Im Tadschikischen wird gewöhnlich die letzte Silbe eines Wortes akzentuiert.

- оҳáн – *Eisen*
- оҳангáр – *Schmied*
- оҳангарóн (Plural) *Schmiede* (vgl. S. 31, § 23)

(2) Es gibt nur wenige Ausnahmen, in denen eine andere Silbe als die letzte akzentuiert wird. Hierzu gehören:

- бáле – *ja*
- вáле – *aber, jedoch*
- лéкин – *aber, jedoch*
- бáлки – *aber, jedoch*
- хéле – *sehr, viel*
- óре – *ja*
- áммо – *aber, jedoch*
- чáро – *warum?*
- я́ъне – *das heißt*
- óё *denn, ob, wohl*
- зéро – *da, weil*
- ҳóло – *jetzt, nun*
- ҳáтто – *sogar*
- албáтта – *natürlich*
- лáббай – *Zu Diensten!*

(3) Nicht akzentuiert werden die am Ende eines Wortes angefügte изофа (vgl. S. 21, § 16(1)) sowie das sogenannte ёи ваҳдат (vgl. S. 28, § 20(1)a)) und das ёи ишора (vgl. S. 53§ 41(1)).

- мáрди пир – *alter Mann*
- мáрде – *ein Mann*
- хонáе, ки – *das Haus, ...*

(4) Ebenfalls keinen Akzent tragen alle enklitischen Pronomina und Partikel, die Kopula sowie die ebenfalls enklitisch gebrauchten Konjunktionen у (nach Vokalen: ю) – *und*, ҳам – *auch* und ки (leitet Nebensätze und direkte Rede ein).

- ин китóбро овардам – *ich brachte dieses Buch*
- модáрам – *meine Mutter*
- падáрамон – *unser Vater*
- тоҷикóнем – *wir sind Tadschiken*

- китобу дафтар – *Buch und Heft*
- хонаю боғ – *Haus und Garten*
- ма́н ҳам – *auch ich*
- гу́фт ки не – *er sagte: nein*
- имша́б ки омадам – *als ich heute kam*
- омаде́д-мӣ – *seid ihr gekommen?*

(5) Die Akzentuierung der Verben ist unregelmäßig.

a) Im Infinitiv wird die letzte Silbe (Infinitivendung -ан) akzentuiert.

- гуфта́н – *sagen*
- шунида́н – *hören*
- баромада́н – *herauskommen*

b) Bei Verbformen mit den Präfixen ме- und би- fällt ein Primärakzent auf die Personalendung, ein Sekundärakzent auf das jeweilige Präfix.

- мѐгӯя́м – *(ich) sage*
- мѐрафте́м – *(wir) gingen*
- би̇̀гире́д – *nehmt! / nehmen Sie!*

c) In Negationsformen fällt der Akzent auf die am Anfang stehenden Negationspartikel на́- bzw. ма́.

- на́меравам – *ich gehe nicht*
- ма́гӯй – *sag nicht!*

d) Im einfachen Präteritum kann eine parallele Akzentuierung des Präteritalstamms und der Personalendung beobachtet werden.

- мо́ндам / монда́м – *(ich) blieb*

e) Alle Partizipien sind endbetont. Bei Partizipien mit dem Präfix ме- fällt ein Primärakzent auf die letzte Silbe, ein Sekundärakzent auf das Präfix.

- омада́ – *gekommen*
- омадагӣ́ – *gekommen*
- оянда – *kommender*
- мѐомадагӣ́ – *gekommen*

(6) Zusammengesetzte Wörter haben einen Doppelakzent. Der Primärakzent fällt auf die letzte Silbe des zusammengesetzten Wortes und ein Sekundärakzent auf die letzte Silbe des ersten Wortbestandteils.

- духта̀рбача́ – *Mädchen*
- занба̀рғалта́к – *Karre*

(7) In russischen Lehnwörtern wird die ursprüngliche Akzentuierung beibehalten.

- тра́ктор – *Traktor*
- телеви́зор – *Fernseher*
- карто́шка – *Kartoffel*

§ 75 Converbalkonstruktionen (Überblick)

(1) Einige tadschikische Verben können nicht nur in ihrer Grundbedeutung, sondern auch als Hilfsverb verwendet werden, um einem anderen Verb eine Aspektbedeutung (Abgeschlossenheit/Nichtabgeschlossenheit, Einmaligkeit/Wiederholung, Intensität, Richtung) zu verleihen. Dabei ist die Grundbedeutung der als Hilfsverb fungierenden Verben häufig, aber nicht zwingend, mit der Aspektbedeutung verbunden. Das Hauptverb in einer solchen Converbalkonstruktion erscheint unveränderlich in der Form eines Adverbialpartizips (vgl. S. 61, § 48) und wird dem Hilfsverb vorangestellt. Konjugiert wird ausschließlich das Hilfsverb, das damit auch Person und Zeit der Handlung zum Ausdruck bringt.

(2) Einige Verben weisen auf den Verlauf einer Handlung hin.

a) Истодан [ист] (*stehen, bleiben*) weist auf den Verlauf einer (plötzlichen, einmaligen) Handlung hin, die während ihrer Ausführung keine besonderen Veränderungen erfährt und bildet progressive Zeitformen (vgl. S. 78, § 61). Истодан kann nicht mit Zustandsverben (нишастан, будан, доштан) verwendet werden.

- Вай китоб хонда меистад, ман меравам. – *Er wird weiter lesen, ich gehe.*
- Ту рафта ист, ба ман мунтазир нашав. – *Du geh nur ruhig weiter und warte nicht auf mich.*
- Ош гарм шуда истад! – *Möge das Essen warm werden (noch eine Weile kochen).*

b) Нишастан [нишин] / шиштан [шин] (*sitzen, sich setzen*) drückt wie истодан den Verlauf einer Handlung aus, hat aber einen engeren Anwendungsbereich: da dieses Verb seine ursprüngliche Bedeutung (*sitzen, sich setzen*) nicht völlig verliert, wenn es als Hilfsverb fungiert, kann es nur dann verwendet werden, wenn das Subjekt der Handlung ein Mensch ist.

- Гап зада нашистаем. – *Wir unterhalten uns gerade.*
- Бача тамошо карда мешишт. – *Der Junge schaute gerade zu.*

c) Гаштан/гардидан [гард] (*sich drehen*) drückt ebenfalls den Verlauf einer Handlung aus, im Unterschied zu истодан bezeichnet es aber nicht den Verlauf einer einmaligen, sondern einer ununterbrochenen, wiederholten Handlung. Häufig befindet sich das Subjekt der Handlung in Bewegung.

- Куртаи навамро пушида мегаштам. – *Ich trug (die ganze Zeit) mein neues Kleid.*
- Он ҷо ду-се сол кор карда гашт. – *Dort arbeitete er zwei bis drei Jahre.*
- Ана гӯгирд! Ман кофта гаштам. – *Da sind die Streichhölzer! Ich habe sie schon (die ganze Zeit) gesucht.*

(3) Einige Verben weisen auf die Abgeschlossenheit einer Handlung hin.

a) Гузаштан [гузар] (*passieren, durchschreiten*) drückt die Abgeschlossenheit einer Handlung aus, verweist gelegentlich auch auf die Oberflächlichkeit einer Handlung. Es wird allerdings nur selten verwendet.

- Китоби шуморо хонда гузаштам. – *Ich habe Ihr Buch durchgelesen.*

b) Баромадан [баро] (*hinauskommen, aufsteigen*) drückt das Resultat einer Handlung aus und verweist im Unterschied zu гузаштан auf die Gründlichkeit der Handlung.

- Газетаро дида баромадам. – *Ich habe die Zeitung (gründlich) durchgelesen.*
- Китобро хонда баромадам. – *Ich habe das Buch (aufmerksam) gelesen.*

c) Шудан [шав] (*werden*) verweist ebenfalls auf die Abgeschlossenheit einer Handlung, im Unterschied zu гузаштан und баромадан aber nicht auf den Charakter der Handlung selbst; es bleibt unklar, ob die Handlung lang oder kurz, intensiv oder oberflächlich war. Шудан kommt in Converbalkonstruktionen sehr häufig vor und kann mit vielen Verben kombiniert werden.

- Китобро хонда шудам. – *Ich las das Buch durch.* ODER: *Ich hörte auf, das Buch zu lesen.*
- Хӯрда шудам. – *Ich habe (auf)gegessen.*

d) Тамом кардан [(тамом) кун] (*beenden, abschließen*) drückt wie шудан die Abgeschlossenheit einer Handlung aus, kommt aber seltener vor.

- Китобро хонда тамом кардам. – *Ich habe das Buch durchgelesen.*

e) Партофтан [парто, партой] (*werfen*) drückt in Verbindung mit Verben, die ein Abtrennen oder Abschneiden bezeichnen, die Endgültigkeit oder Vollständigkeit der Handlung aus.

- Як порчаашро бурида партофт. – *Er hat ein Stück davon abgeschnitten.*
- Бухориро канда партофтанд. – *Sie haben den Ofen abgerissen.*

(4) Einige Verben weisen auf die Einmaligkeit oder Plötzlichkeit einer Handlung hin.

a) Мондан [мон] (*bleiben*) drückt die Plötzlichkeit oder die Abgeschlossenheit einer Handlung aus. Gelegentlich verweist мондан auch darauf, dass eine Handlung aufgrund ihres kurzen, plötzlichen Charakters nicht abgeschlossen ist.

- Падараш омада монд. – *Plötzlich kam sein Vater.*
- Занаш касал шуда монд. – *Seine Frau wurde (plötzlich) krank.*
- Ман танҳо пушти он одамро дида мондам, ба рангу рӯяш чашмам наuфтод. – *Ich habe diesen Menschen nur von hinten gesehen, sein Gesicht habe ich nicht sehen können.*

b) Фиристодан [фирист] (*schicken, senden*) drückt in Verbindung mit Verben, die einen Gefühlsausdruck beschreiben, die Plötzlichkeit und Stärke der Handlung aus.

- Духтар гиря карда фиристод. – *Das Mädchen fing (plötzlich) an zu weinen.*
- Ханда карда фиристод. – *Er lachte auf.*

(5) Manche Verben verweisen auf die Richtung oder die Bestimmung einer Handlung.

a) Омадан [о] (*kommen*) verweist in Verbindung mit Verben der Bewegung darauf, dass die Handlung mit einer Annäherung verbunden ist. Mit anderen Verben wird омадан nur selten verwendet, dann drückt dieses Verb das Ergebnis einer Handlung aus.

- Самолет парида омад. – *Das Flugzeug kam angeflogen.*
- Бача давида омад. – *Der Junge kam angerannt.*

b) Рафтан [рав] (*gehen*) verweist in Verbindung mit Verben der Bewegung darauf, dass die Handlung mit einem Sichentfernen verbunden ist. Mit anderen Verben drückt рафтан das allmähliche Anwachsen, die Entwicklung, das Fortschreiten einer Handlung aus.

- Самолет парида рафт. – *Das Flugzeug flog davon.*
- Бача давида рафт. – *Der Junge rannte weg.*
- Падараш кайҳо мурда рафтааст. – *Sein Vater ist wohl schon lange gestorben (von uns gegangen).*
- Чой хунук шуда рафт. – *Der Tee wurde immer kälter.*
- Дафтарчаам гум шуда рафт. – *Mein Heft ist mir abhanden gekommen.*
- Оҳиста-оҳиста сиҳат шуда меравӣ. – *Allmählich wirst du wieder gesund.*

c) Гирифтан [гир] (*nehmen*) drückt aus, dass jemand eine Handlung für sich selbst ausführt.

- Фақат дарсҳои навро гӯш мекард, навишта мегирифт ва дар синф аълохон буд. – *Er hörte nur die neuen Lektionen, schrieb sich [alles] auf und wurde ein Musterschüler.*
- Муҳаббат бастаро аз назар гузаронда, мактубро бароварда гирифт. – *Muhabbat schaute sich das Paket an und holte sich den Brief heraus.*

d) Додан [деҳ] (*geben*) drückt aus, dass jemand eine Handlung nicht für sich selbst ausführt, sondern für andere Personen.

- Адресамро навишта додам. – *Ich habe (ihm) meine Adresse aufgeschrieben.*
- Мақоларо хонда деҳ! – *Lies den Artikel vor.*

e) Бурдан [бар] (*wegbringen*) drückt wie рафтан das Sichentfernen einer Handlung aus, wird aber nicht mit Verben der Bewegung verwendet, sondern mit Verben, die einen Erhalt oder Erwerb bezeichnen.

- Китобро харида бурд. – *Er hat das Buch (weg)gekauft.*
- Об гирифта бурдам. – *Ich habe das Wasser weggenommen.*

f) Овардан [овар] (*bringen*) drückt wie омадан aus, dass die Handlung mit einer Annäherung verbunden ist, wird aber nicht mit Verben der Bewegung verwendet, sondern wie бурдан mit Verben, die einen Erhalt, Erwerb bezeichnen.

- Орд харида овард. – *Er hat Mehl eingekauft.*

(6) Einige Verben können auch eine andere Bedeutung verleihen.

a) Дидан [бин] (*sehen*) drückt aus, dass eine Handlung mit dem Ziel ausgeführt wird, etwas zu probieren, zu testen.

- Ангурро хӯрда дидам. – *Ich habe die Weintrauben gekostet.*
- Куртаро пӯшида дидагӣ. – *Sie hat das Kleid anprobiert.*

§ 76 Verben mit unregelmäßiger Stammbildung (alphabetischer Überblick)

Der folgende Überblick umfasst die häufigsten tadschikischen Verben mit unregelmäßiger Stammbildung (vgl. S. 13, § 10(5)).[87)]

(1) Infinitive in alphabetischer Ordnung mit Angabe der Präsensstämme und Grundbedeutungen[88)]:

ангехтан [ангез] – *erregen*
андохтан [андоз] – *werfen*
афрохтан [афроз] – *(an)heben*
афроштан [афроз] → афрохтан
афрӯхтан [афрӯз] – *anzünden*
афшурдан [афшор] – *drücken, pressen*
барафрӯхтан [барафрӯз] – *entzünden*
баргаштан [баргард] – *zurückkehren*
бардоштан [бардор] – *anheben*
барзадан [барзан] – *aufkrempeln*
баромадан [баро(й)] – *herauskommen*
бархостан [бархез] – *aufstehen*
бастан [банд] – *binden*
бехтан [без] – *sieben*
бозгаштан [бозгард] – *zurückkehren*
бохтан [боз] – *verspielen*
будан [бош] – *sein*
бурдан [бар] – 1. *tragen;* 2. *gewinnen*
водоштан [водор] – *veranlassen, bewegen*
гаштан [гард] – *sich drehen*
гиристан [гиря] – *weinen*
гирифтан [гир] – *nehmen, erhalten*
гудохтан [гудоз] – *schmelzen* tr
гузаштан [гузар] – *vorübergehen*
гумоштан [гумор] – *bevollmächtigen*
гурехтан [гурез] – *fliehen*
гусехтан [гусел] – *(zer)reißen*
гуфтан [гу(й)] – *sprechen, sagen*
дидан [бин] – *sehen*
додан [дех], [дих] (vgl. S. 97, § 73(8)) – *geben*
донистан [дон] – *wissen, kennen*
доштан [дор] – *haben*
дӯхтан [дӯз] – *nähen*
ёфтан [ёб] – *finden*
задан [зан] – *schlagen*
зистан [зи(й)] – *leben*
зудудан [зудо(й)] – *reinigen*
истодан [ист] – *stehen*
кардан [кун] – *machen*
киштан [кор] → коштан
костан [кох] – *mindern*
кофтан [коб] / [ков] – *graben*
коштан [кор] – *säen*
кӯфтан [кӯб] – *(zer)schlagen*
мурдан [мур] / [мир] – *sterben*
навиштан [навис] – *schreiben*
навохтан [навоз] – *spielen*
намудан [намо(й)] – *(er)scheinen*
нигаристан [нигар] – *schauen, blicken*
нигоштан [нигор] – *zeichnen*
нишастан [нишин] – *sich setzen*
ниҳодан [нех], [них] (vgl. S. 97, § 73(8)) – *(hin)legen*
овехтан [овез] – *aufhängen*
озмӯдан [озмо(й)] – *erproben*
озурдан [озор] – *kränken*
олудан [оло(й)] – *besudeln*
омадан [о(й)], [биё] (vgl. S. 17, Anmerkung 17 sowie S. 34, § 24(3)) – *kommen*
омехтан [омез] – *(ver)mischen*

87) Einige der hier aufgeführten Verben können nach dem auf S. 15 in § 10(6) beschriebenen Modell einen sekundären Präteritalstamm und einen zweiten Infinitiv bilden. Diese Formen werden hier nicht angegeben, da sie dem Muster einer regelmäßigen Stammbildung folgen.

88) Über die hier gegebene Grundbedeutung hinaus können diese Verben weitere Bedeutungen aufweisen und außerdem als Bestandteile zusammengesetzter Verbformen verwendet werden.

омӯхтан [омӯз] – 1. *lernen;* 2. *lehren*
оростан [орой] – *(aus)schmücken*
осудан [осо(й)] – *ruhen*
офаридан [офарин] – *schöpfen, erschaffen*
ошуфтан [ошӯб] – *sich aufregen*
пазируфтан [пазир] – *empfangen*
пайвастан [пайванд] – *verbinden*
паймудан [паймо(й)] – *(aus)messen*
пардохтан [пардоз] – *(be)zahlen*
партофтан [парто(й)] – *werfen*
пиндоштан [пиндор] – *denken, annehmen*
пухтан [паз] – *kochen, reifen*
рабудан [рабо] – *entwenden, entführen*
рафтан [рав] – *gehen*
рехтан [рез] – 1. *fließen;* 2. *gießen*
рӯфтан [рӯб] – *fegen*
сохтан [соз] – *schaffen, bauen*
судан [со(й)] – *reiben*
супоридан [супор] – *anvertrauen*
сурудан [саро] – *singen*
сутудан [сито(й)] – *lobpreisen*
суфтан [сунб] – *schleifen*
сӯхтан [сӯз] – *brennen*
тавонистан [тавон] – *können*
тофтан [тоб] – *zwirnen*
тохтан [тоз] – *eilen*
фармудан [фармо] – *anordnen*
фаромадан [фаро(й)] → фуромадан
фарсудан [фарсо(й)] – *abnutzen*
фирефтан [фиреб] – *betrügen*
фиристодан [фирист] – *schicken*
фуромадан [фуро(й)] – *absteigen*
фурӯхтан [фурӯш] – *verkaufen*
хестан [хез] – *aufstehen*
хостан [хоҳ] – *wollen, bitten*
хуфтан [хоб] – *schlafen*
чидан [чин] – *pflücken*
шикастан [шикан] – *(zer)brechen*
шинохтан [шинос] – *kennen*
шитофтан [шитоб] – *eilen*
шиштан [шин] → нишастан
шудан [шав] – *werden*
шумурдан [шумор] – *zählen*
шунидан [шунав] – *hören*
шустан [шӯ(й)] – *waschen*
ғунудан [ғанав] – *schlummern*
ҷастан [ҷаҳ] – *springen*
ҷустан [ҷу(й)] – *suchen*
ҳиштан [ҳил] – *(zurück)lassen*

(2) Präsensstämme in alphabetischer Ordnung mit Angabe der dazu gehörenden Infinitivform:

ангез → ангехтан
андоз → андохтан
афроз → афрохтан
афроз → афроштан
афрӯз → афрӯхтан
афшор → афшурдан
банд → бастан
бар → бурдан
барафрӯз → барафрӯхтан
баргард → баргаштан
бардор → бардоштан
барзан → барзадан
баро(й) → баромадан
бархез → бархостан
без → бехтан
биё → омадан
бин → дидан
боз → бохтан
бозгард → бозгаштан
бош → будан
водор → водоштан
гард → гаштан
гир → гирифтан
гиря → гиристан
гу(й) → гуфтан
гудоз → гудохтан
гузар → гузаштан
гумор → гумоштан
гурез → гурехтан
гусел → гусехтан

деҳ → додан
диҳ → додан
дон → донистан
дор → доштан
дӯз → дӯхтан
ёб → ёфтан
зан → задан
зи(й) → зистан
зудо(й) → зудудан
ист → истодан
коб, ков → кофтан
кор → киштан
кор → коштан
коҳ → костан
кун → кардан
кӯб → кӯфтан
мир → мурдан
мур → мурдан
навис → навиштан
навоз → навохтан
намо(й) → намудан
неҳ → ниҳодан
нигар → нигаристан
нигор → нигоштан
нишин → нишастан
ниҳ → ниҳодан
о(й) → омадан
овез → овехтан
озмо(й) → озмӯдан
озор → озурдан
оло(й) → олудан
омез → омехтан
омӯз → омӯхтан
орой → оростан
осо(й) → осудан
офарин → офаридан
ошӯб → ошуфтан
паз → пухтан
пазир → пазируфтан
пайванд → пайвастан
паймо(й) → паймудан
пардоз → пардохтан
парто(й) → партофтан
пиндор → пиндоштан
рабо → рабудан
рав → рафтан
рез → рехтан
рӯб → рӯфтан
саро → сурудан
сито(й) → сутудан
со(й) → судан
соз → сохтан
сунб → суфтан
супор → супоридан
сӯз → сӯхтан
тавон → тавонистан
тоб → тофтан
тоз → тохтан
фармо → фармудан
фаро(й) → фаромадан
фарсо(й) → фарсудан
финеб → фирефтан
фирист → фиристодан
фуро(й) → фуромадан
фурӯш → фурӯхтан
хез → хестан
хоб → хуфтан
хоҳ → хостан
чин → чидан
шав → шудан
шикан → шикастан
шин → шиштан
шинос → шинохтан
шитоб → шитофтан
шумор → шумурдан
шунав → шунидан
шӯ(й) → шустан
ғанав → ғунудан
ҷаҳ → ҷастан
ҳил → ҳиштан
ҷу(й) → ҷустан

§ 77 Die finiten Verbformen im Tadschikischen (tabellarische Übersicht)

Die folgenden Tabellen geben eine Übersicht über die finiten Verbformen im Tadschikischen anhand des Beispielverbs дидан [бин] – *sehen* (Genus Verbi: Aktiv).[89]

Tab. 18 Die finiten Verbformen (Vergangenheit)

Tempus / Modus	Vergangenheit				
	Duratives Präteritum	**Einfaches Präteritum**	**Perfekt**	**Plusquamperfekt**	**Progressives Präteritum**
Indikativ (Offensichtliche Wirklichkeit)	медидам медидӣ медид медидем медидед медиданд	дидам дидӣ дид дидем дидед диданд	дидаам дидаӣ дидааст дидаем дидаед дидаанд	дида будам дида будӣ дида буд дида будем дида будед дида буданд	дида истода будам дида истода будӣ дида истода буд дида истода будем дида истода будед дида истода буданд
Narrativ / Auditiv (Nichtoffensichtliche Wirklichkeit)	медидаам медидаӣ медидааст медидаем медидаед медидаанд	дидаам дидаӣ дидааст дидаем дидаед дидаанд		дида будаам дида будаӣ дида будааст дида будаем дида будаед дида будаанд	дида истода будаам дида истода будаӣ дида истода будааст дида истода будаем дида истода будаед дида истода будаанд
Aorist (Konjunktiv)	дида бошам дида бошӣ дида бошад дида бошем дида бошед дида бошанд				
Präsumtiv	дидагистам дидагистӣ дидагист дидагистем дидагистед дидагистанд				

[89] Hier werden nur die Tempi und Modi der geschriebenen Literatursprache zusammengefasst. In der gesprochenen Sprache und in den Mundarten ließen sich weitere Formen beschreiben.

Tab. 19 Die finiten Verbformen (Gegenwart und Zukunft)

<table>
<tr><th rowspan="2">Tempus
Modus</th><th colspan="2">Gegenwart</th><th colspan="2">Zukunft</th></tr>
<tr><th>Einfaches Präsens</th><th>Progressives Präsens</th><th>Kategorisches Futur</th><th>Progressives Futur</th></tr>
<tr><td>Indikativ (Offensichtliche Wirklichkeit)</td><td>мебинам
мебинӣ
мебинад
мебинем
мебинед
мебинанд</td><td>дида истодаам
дида истодаӣ
дида истодааст
дида истодаем
дида истодаед
дида истодаанд</td><td>хоҳам дид
хоҳӣ дид
хоҳад дид
хоҳем дид
хоҳед дид
хоҳанд дид</td><td>дида меистам
дида меистӣ
дида меистад
дида меистем
дида меистед
дида меистанд</td></tr>
<tr><td colspan="3"></td><td colspan="2" rowspan="3"></td></tr>
<tr><td>Aorist (Konjunktiv)</td><td colspan="2">(бу)бинам
(бу)бинӣ
(бу)бинад
(бу)бинем
(бу)бинед
(бу)бинанд</td></tr>
<tr><td>Präsumtiv</td><td>медидагистам
медидагистӣ
медидагист
медидагистем
медидагистед
медидагистанд</td><td>дида истодагистам
дида истодагистӣ
дида истодагист
дида истодагистем
дида истодагистед
дида истодагистанд</td></tr>
<tr><td>Imperativ</td><td colspan="4">(бу)бин
(бу)бинед</td></tr>
</table>

Weiterführende Literatur

Allgemeines:

LAZARD, G.: Persian and Tajik. – In: Current Trends in Linguistics. – The Hague–Paris: 6 (1970). – S. 64–96

LAZARD, G.: Caractères distinctifes de la langue tadjik. – In: Bulletin de la Société de linguistique de Paris. – Paris 52 (1956). – S. 117–186

LORENZ, Manfred: Untersuchung über Verschiedenheiten im tâğikischen und persischen Satzbau. – Berlin: Humboldt-Universität zu Berlin, 1961 (Dissertation A)

НЕМЕНОВА, Р. Л.: Краткий очерк грамматики таджикского языка. – In: КАЛОНТАРОВ, Я. И. (тартибдиҳанда): Луғати мухтасари тоҷикӣ-русӣ. – Душанбе, 1988. – S. 429–494

РАСТОРГУЕВА, В. С.: Краткий очерк грамматики таджикского языка. – In: РАҲИМӢ, М. В.; УСПЕНСКАЯ, Л. В.: Луғати тоҷикӣ-русӣ. – Москва, 1954. – S. 529–570 (Separate englische Ausgabe: RASTORGUEVA, V. S.: A Short Sketch of Tajik Grammar. – Bloomington, 1963)

РАСТОРГУЕВА, В. С.; КЕРИМОВА, А. А.: Система таджиского глагола. – Москва, 1964

Грамматикаи забони адабии ҳозираи тоҷик. – Ҷилди I, II, III: Душанбе, 1985, 1986, 1989

Wörterbücher und Glossare:

АЙНӢ, Садриддин: Луғати нимтафсилии тоҷикӣ. – Душанбе, 1976 (= АЙНӢ, Садриддин: Куллиёт. Ҷилди 12)

БАРАҚАЕВА, Г. Б.: Луғати мухтасари тоҷикӣ–англисӣ. 10.000 воҳиди лексикӣ (A Short Tajik-English Dictionary). – Қисми I, II: Душанбе, 1968

КАЛОНТАРОВ, Я. И. (тартибдиҳанда): Луғати мухтасари тоҷикӣ-русӣ. 20.000 калима ва ибора бо иловаи очерки грамматикӣ. – Душанбе, 1988 (Russischer Paralleltitel: Краткий таджикско-русский словарь. 20.000 слов и выражений с приложением грамматического очерка)

ОСИМӢ, М. С. (муҳ.): Луғати русӣ-тоҷикӣ. Зиёдтар аз 72.000 калима. – Москва, 1985 (Russischer Paralleltitel: Русско-таджикский словарь. Свыше 72.000 слов)

РАҲИМӢ, М[уҳаммадҷон]; УСПЕНСКАЯ, Л[юдмила] В[ладимировна] (муҳ.): Луғати тоҷикӣ-русӣ. 40.000 калима. – Москва, 1954 (Russischer Paralleltitel: Таджикско-русский словарь. 40.000 слов)

ШАҲОБОВА, М. Б.: Луғати мухтасари англисӣ–тоҷикӣ–форсӣ / English-Tajik-Persian Dictionary. – Душанбе, 1989

ШУКУРОВ, М. Ш.; КАРПАНОВ, В. А.; ҲОШИМӢ, Р.; МАЪСУМӢ, Н. А. (муҳ.): Фарҳанги забони тоҷикӣ. Иборат аз ду ҷилд. – Москва, 1969

Lehrbücher:

АРЗУМАНОВ, С.; САНГИНОВ, А.: Забони тоҷикӣ. – Душанбе, 1988

АРЗУМАНОВ, С.: Худомӯзи забони тоҷикӣ. – Самоучитель таджикского языка. – Душанбе, 1989

Index

Der folgende Index umfasst grammatische Kategorien und ausgewählte tadschikische Wörter, deren Verwendung besonderen grammatischen Regeln unterliegt. Die Verweise beziehen sich auf die entsprechenden Seitennummern.